U0617687

**权威·前沿·原创**

皮书系列为
"十二五""十三五""十四五"时期国家重点出版物出版专项规划项目

BLUE BOOK

智 库 成 果 出 版 与 传 播 平 台

港口经济蓝皮书
**BLUE BOOK** OF PORT ECONOMY

# 中国港口经济运行发展报告（2023）

REPORT ON ECONOMIC OPERATION DEVELOPMENT OF CHINA'S PORTS (2023)

刘长俭　葛　彪　沈益华　田　佳　高天航 等 著

社会科学文献出版社
SOCIAL SCIENCES ACADEMIC PRESS（CHINA）

**图书在版编目（CIP）数据**

中国港口经济运行发展报告. 2023／刘长俭等著
. --北京：社会科学文献出版社，2023.6
（港口经济蓝皮书）
ISBN 978-7-5228-2006-4

Ⅰ.①中…　Ⅱ.①刘…　Ⅲ.①港口经济-经济发展-
研究报告-中国-2023　Ⅳ.①F552.3

中国国家版本馆 CIP 数据核字（2023）第 113003 号

港口经济蓝皮书
# 中国港口经济运行发展报告（2023）

著　　者／刘长俭　葛　彪　沈益华　田　佳　高天航 等

出 版 人／王利民
组稿编辑／任文武
责任编辑／郭　峰
责任印制／王京美

出　　版／社会科学文献出版社·城市和绿色发展分社（010）59367143
　　　　　地址：北京市北三环中路甲 29 号院华龙大厦　邮编：100029
　　　　　网址：www.ssap.com.cn
发　　行／社会科学文献出版社（010）59367028
印　　装／天津千鹤文化传播有限公司

规　　格／开　本：787mm×1092mm　1/16
　　　　　印　张：14.75　字　数：221 千字
版　　次／2023 年 6 月第 1 版　2023 年 6 月第 1 次印刷
书　　号／ISBN 978-7-5228-2006-4
定　　价／128.00 元

读者服务电话：4008918866

# 交通运输部规划研究院介绍

交通运输部规划研究院（以下简称规划院）组建于 1998 年 3 月，由 1951 年成立的原交通部水运规划设计院和 1954 年成立的原交通部公路规划设计院中规划研究业务板块合并设立，为部直属一级事业单位（公益二类）。规划院以"交通强国、规划先行"为宗旨，以服务国家重大战略实施、支撑交通强国建设为使命，着力建设面向国家发展需求、面向行业技术前沿、面向交通运输市场，服务政府科学决策的一流高端专业智库和服务行业发展的一流特色科研国家队，奋力攀登综合交通运输规划技术创新高地，全力打造高水平人才聚集地，为交通强国建设提供有力支撑。

**科研业务。**规划院在《交通强国建设纲要》《国家综合立体交通网规划纲要》研究起草中发挥了技术主力军作用。围绕国家交通运输现代化，承担了一大批国家和重点区域交通基础设施布局规划、建设规划和综合交通运输五年规划，以及公路水路基础设施、运输组织、现代物流、绿色交通、智慧交通、交通安全应急、交通旅游融合、交通运输投融资等重大战略和政策研究，围绕决策支持技术，开展了一系列研究开发和成果转化应用。截至 2023 年 6 月累计完成国家和行业交通运输战略政策规划咨询项目 700 余项，完成交通基础设施重点建设项目技术评估咨询 3000 余项，完成地方交通部门、企业委托的规划、政策研究、技术服务项目 4000 余项，完成和在研国家高技术研究发展计划 3 项、国家重点研发计划课题 12 项、国家自然科学和社会科学基金项目 6 项。255 个项目获得国家级、省部级以及全国性行业学会、协会奖项，其中特等奖及一等奖 68 项，占获奖项目总数的 26.7%。

**科研条件。**开发建设了综合运输、公路规划、港口普查、环境监测、交通量调查等各类业务信息系统，打造院综合交通空间规划分析和数据服务平台（Tran SPAD），设立综合交通规划数字化实验室、交通排放控制监测技术实验室、交通运输安全应急技术实验室，在规划编制、经济运行分析和环境影响评价等方面得到较好应用。建立起较为完善的科技开发项目、科技成果转化、智库建设、科研创新成果奖励等制度体系，激励科技创新和技术研发，支撑了规划院在综合交通运输、现代物流、公路、水运、信息化、交通安全、环境影响评价等规划研究和决策支持领域始终保持国内领先优势。

**人才队伍。**截至 2021 年底，全院在职人员 322 人，其中专业技术人员 308 人，占比 95.7%。现有正高级职称人才 57 人，副高级职称人才 154 人；博士学位人才 78 人，博士后科研人才 5 人；享受国务院特殊津贴专家 9 人，交通运输部专家委员会和部长政策咨询委员会专家 5 人，交通运输行业中青年科技创新领军人才 3 人，行业重点领域创新团队 1 个，交通青年科技英才 13 人。除传统的公路、水运专业技术人员外，环境、物流、铁路、航空、经济、信息、法律等专业技术力量不断充实，目前已形成了一支专业覆盖齐全、结构合理、技术过硬、经验丰富的高层次、复合型专业人才队伍，跨学科协同研究优势突出。

# 交通运输部规划研究院水运所
# 运输经济室团队介绍

交通运输部规划研究院水运所运输经济室团队，主要从事运输需求预测、经济运行分析和港航战略规划等科研任务。团队成立四个创新小组，分别为运输需求预测技术创新小组、经济运行分析技术创新小组、港口战略规划技术创新小组、航运中心规划理论方法创新小组。

团队成立以来，以团队成员为牵头人或负责人进行统计：发表论文150余篇，承担的省部级及以上科研项目60余项，独著或参编专著20余部，获得省部级科技奖30项，获得计算机软件著作权、专利38项，编写的港口经济运行报告上报交通运输部150余份，发表舆论引领性文章、智库建言献策54篇，其中，获得部领导批示4次，获得国家领导批示1次。

团队的标志性成果主要有：长江口航道经济分析关键技术研究与应用，相关成果分获2021年中国水运建设行业协会科技奖一等奖、2019年中国航海学会科技奖二等奖，出版《长江深水航道工程经济分析理论与实践》专著1部，入选2022年交通运输部重大科技创新成果库；三峡过坝运输需求预测关键技术研发与应用，获得2022年中国水运建设行业协会科技奖一等奖，出版《长江三峡过坝运输需求分析理论与实践》专著1部；北部湾国际门户港发展规划关键技术创新及应用，相关成果获得2022年中国港口协会科技奖一等奖；中国特色国际航运中心理论方法和规划技术，相关成果获2019年中国港口协会科技奖二等奖、2019年中国水运建设行业协会科技奖三等奖，出版《中国特色国际航运中心理论探索与规划实践》专著1部；

交通经济运行分析理论方法与关键技术，相关成果获 2020 年中国公路学会科技奖一等奖、2012 年中国港口协会科技奖三等奖，入选 2021 年交通运输部重大科技创新成果库。

本团队在运输经济需求预测、港口经济运行分析和港航战略规划等三大领域的关键技术突破，总体处于国际领先水平。成果支撑了长江南京以下 12.5 米深水航道、长江口航道南槽一二期、三峡水运新通道、荆江中游航道、平陆运河、赣粤运河等国家级重大工程的建设决策；支撑了《交通强国建设纲要》《国家综合立体交通网规划纲要》《全国港口与航道布局规划》《水运"十四五"发展规划》等多项国家级、省部级规划和重大政策的出台；支撑了全国沿海约 90% 的主要港口规划编制、全国内河约 80% 的主要港口规划编制、全国约 80% 的省级内河航道与港口布局规划编制；经济运行分析报告支持了国务院、国家发展改革委、交通运输部等领导决策，支持了上海、天津、大连、厦门、重庆等国际航运中心和北部湾国际门户港建设决策，支持了数十项大型港口集团企业发展战略制定。

团队依托上述技术创新成果申报国家社科基金重大项目 1 项和国家重点研发计划 1 项，研究成果成功在数十个单位推广应用，成果被交通运输部新闻发布会、党组会、部务会，以及被新华社客户端、学习强国 App、新浪网、腾讯网、中国交通新闻网、《中国交通报》、《中国水运报》等中央媒体和行业主流媒体多次引用和报道，团队在行业内外的技术引领力不断提升。

团队成员先后获得国务院特殊津贴专家、交通运输部"交通强国战略研究成绩突出个人"，规划院《交通强国建设纲要》《国家综合立体交通网规划纲要》技术支撑核心团队集体记功，规划院水运"十四五"发展规划研究团队集体嘉奖，院首席研究员、青年科技英才、工作人员嘉奖，以及交通运输部系统"优秀共产党员"、第五届"交通运输部直属机关青年五四奖章"、交通运输部直属机关"青年学习标兵"、交通运输部规划研究院优秀党务工作者、"优秀共产党员"、"建设模范机关先进个人"、全球交通青年英才研修项目工作组"我与中国交通的故事"征文活动中国青年组二等奖等荣誉称号或表彰 30 余次。

# 主要作者简介

**刘长俭**　经济学博士，交通运输部规划研究院高级工程师，水运所运输经济室主任，长期从事运输经济和水运发展战略、规划等领域科研工作。参加了《交通强国建设纲要》《国家综合立体交通网规划纲要》等国家级规划的编制工作，以及全国水运"十三五""十四五"等行业规划研究，负责赣粤运河、长江口航道、三峡新通道等重大工程经济分析专题研究。成果获中国航海学会、中国公路学会等科学技术奖16项（其中特等奖2项、一等奖5项）。出版专著2部，发表论文100余篇。

**葛　彪**　交通运输部规划研究院高级工程师，研究方向为运输经济和水运规划等，承担了全国港口经济运行分析、交通经济运行分析等多项交通运输部前期课题，以及天津港、辽宁沿海港口、南宁港、葫芦岛港等国内重要港口总体规划、发展战略等研究工作。曾在《中国交通报》《水运工程》《中国水运报》等报刊发表多篇文章，作为主要参与人完成的《交通运输经济运行分析理论与实践研究》荣获中国公路学会科学技术奖一等奖。

**沈益华**　交通运输部规划研究院水运所总工程师，正高级工程师，长期从事水运战略、规划、政策以及水运发展研究。承担了全国沿海港"十五"至"十三五"规划、全国港口与航道布局规划、长三角地区沿海港口布局规划、长三角高等级航道网规划、长江口深水航道及上延工程需求预测与效益分析、赣粤运河重大问题专项研究等40多项部级重大课题，开展宁波舟山、苏州、南京、大连、厦门等市港口与航道规划、航运中心规划、企业战略等研究课题 100 余项。

**田 佳** 交通运输部规划研究院水运所副所长，高级工程师，博士，研究方向为运输经济和水运规划等，承担了大量交通运输部以及各省市交通部门委托的重要课题研究工作。研究成果支撑了多项规划、政策、文件的出台，成果多次获得中国航海学会、中国港口协会等科学技术奖一、二等奖。在《水运工程》等杂志发表多篇论文，在交通运输经济、水运规划与战略、船型预测等领域具有丰富的经验和扎实的技术积累。

**高天航** 交通运输部规划研究院水运所工程师，工学博士，研究方向为运输经济和水运规划等，承担及参与了长江口航道、"一带一路"战略支点布局等课题研究工作，成果分别获得中国航海学会、中国港口协会等科学技术奖。曾在 *Maritime Policy & Management*、《交通运输系统工程与信息》、《中国软科学》等期刊发表多篇论文。

# 摘　要

《港口经济蓝皮书：中国港口经济运行发展报告》是由交通运输部规划研究院等单位从事水运行业研究的专家学者共同撰写，并由社会科学文献出版社出版的年度专题性研究报告。从2023年起每年出版一部，《港口经济蓝皮书：中国港口经济运行发展报告（2023）》是第一部。

《港口经济蓝皮书：中国港口经济运行发展报告（2023）》以"中国港口经济运行分析"为研究主题。港口是宏观经济的"晴雨表"，港口运行情况是判断宏观经济、贸易、产业运行情况的重要参考依据。习近平总书记在上海考察期间，视频连线洋山港四期自动化码头时指出，经济强国必定是海洋强国、航运强国。习近平总书记考察天津港时强调，经济要发展，国家要强大，交通特别是海运首先要强起来。习近平总书记在宁波舟山港穿山港区考察时强调，港口是基础性、枢纽性设施，是经济发展的重要支撑。党中央、国务院印发的《国家综合立体交通网规划纲要》提出，要发挥上海港、大连港、天津港、青岛港、连云港港、宁波舟山港、厦门港、深圳港、广州港、北部湾港、洋浦港等国际枢纽海港作用，巩固提升上海国际航运中心地位，加快建设辐射全球的航运枢纽，推进天津北方、厦门东南、大连东北亚等国际航运中心建设。我国港口吞吐量、通过能力连续多年居世界第一。港口是国际物流供应链的重要一环，加强中国港口运行情况的监测和分析是确保我国国际物流供应链安全和稳定运行的重要保障与支撑。为此，受交通运输部综合规划司委托，课题组长期跟踪和分析全国港口经济运行情况，每个季度形成分析报告提交交通运输部，供领导决策参考。基于上述报告，进行

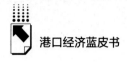

适当修改调整和补充完善，形成《港口经济蓝皮书：中国港口经济运行发展报告（2023）》。

2022年，受新冠疫情及地缘政治等因素影响，国际市场消费需求整体放缓、国内工业生产相对疲弱。在此背景下，全年全国港口完成货物吞吐量157亿吨，同比增长0.9%，比2021年净增1.4亿吨。其中，沿海港口吞吐量增速高于内河。沿海港口矿建材料和集装箱吞吐量增速领先，沿海港口整体发展格局相对稳定，辽宁和珠三角沿海港口吞吐量下降明显。内河港口完成的吞吐量中，散货占主体地位，76%的吞吐量集中在长江和珠江水系。展望2023年，在宏观经济好转的预期下，港口吞吐量增速将相应加快。预计2023年全国港口货物吞吐量同比增速为2.8%，其中沿海港口吞吐量同比增长2.6%，内河港口吞吐量同比增长3.5%。

全书分为总报告、重点货类篇、区域篇、市场与投资篇、专题篇和案例篇。总报告主要研究中国港口经济运行的总体特征、沿海港口和内河港口的运行特点，以及对2023年中国港口经济运行态势的展望。重点货类篇主要围绕煤炭、原油、铁矿石、集装箱、LNG等重点货类，结合上下游产业的发展情况，分析沿海港口重点货类吞吐量的变化特征及未来趋势。区域篇主要对辽宁沿海、津冀沿海、山东沿海、长三角、东南沿海、珠三角、西南沿海、内河等区域港口经济运行情况进行分析和展望。市场与投资篇重点围绕国际航运市场、港航企业、全国水运投资等主题，进行2022年回顾和2023年展望。专题篇围绕行业发展的热点、难点等专题性问题进行系统分析。案例篇选择地方典型港口案例进行深度解析。

**关键词：** 中国港口　国际航运　港口经济

# Abstract

*Blue Book of Port Economy*: *Report on Economic Operation and Development of China's Ports* is an annual special research report jointly written by experts and scholars engaged in waterway transportation industry research at the Planning and Research Institute of the Ministry of Transport, and published by the Social Sciences Academic Press. Starting from 2023, Blue Book of Port Economy: *Report on Economic Operation and Development of China's Ports* (2023) will be published annually, which is the first one.

*Blue Book of Port Economy*: *Report on Economic Operation and Development of China's Ports* (2023) takes "Analysis of China's Port Economic Operation" as the research theme. Ports are the barometer of macroeconomics, and their operation is an important reference for judging the operation of macroeconomics, trade, and industries. An economic power must be a maritime and shipping power. The economy developing needs strong transportation, especially maritime. Ports are fundamental and hub facilities, and important support for economic development. The Outline of the National Comprehensive Three Dimensional Transportation Network Plan issued by the Party Central Committee and the State Council proposes to give full play to the role of Shanghai Port, Dalian Port, Tianjin Port, Qingdao Port, Lianyungang Port, Ningbo Zhoushan Port, Xiamen Port, Shenzhen Port, Guangzhou Port, Beibu-Gulf Port, Yangpu Port and other international hub seaports, consolidate and enhance the status of Shanghai as an international shipping center, accelerate the construction of shipping hubs that radiate around the world, and promote other international shipping centers construction such as Tianjin, Xiamen, Dalian. China's port cargo throughput and capacity have consistently ranked first in the world for many years. Ports are an important part of the

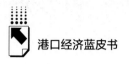
international logistics supply chain. Strengthening the monitoring and analysis of the operation of Chinese ports is an important guarantee and support to ensure the safe and stable operation of China's international logistics supply chain. To this end, commissioned by the Comprehensive Planning Department of the Ministry of Transport, the research group has been conducting long-term tracking and analysis of the economic operation of ports across the country, and has prepared quarterly analysis reports to be submitted to the Ministry of Transport for leadership decision-making reference. Based on the above report, we make appropriate modifications, adjustments, and supplements to form the *Blue Book of Port Economy*: *Report on Economic Operation Development of China's Ports* (*2023*).

In 2022, under the influence of the COVID－19, geopolitics and other factors, the overall consumer demand in the international market has slowed down, and domestic industrial production was relatively weak. Against this backdrop, the total cargo throughput of ports in China reached 15. 7 billion tons throughout the year, a year-on-year increase of 0. 9% and a net increase of 140 million tons compared to 2021. Among them, the throughput growth rate of coastal ports is higher than that of inland rivers. The throughput growth rate of mining and construction materials and containers in coastal ports is leading, and the overall development pattern of coastal ports is relatively stable from a regional perspective. The throughput of coastal ports in Liaoning and the Pearl River Delta has significantly decreased. Bulk cargo accounts for the majority of inland port throughput, and 76% of the throughput is concentrated in the Yangtze River and the Pearl River water systems. Looking ahead to 2023, with the expectation of macroeconomic improvement, the growth rate of port throughput will correspondingly accelerate. It is expected that the growth rate of national port throughput in 2023 will be 2. 8%, with coastal port throughput increasing by 2. 6% and inland port throughput increasing by 3. 5%.

The entire book is divided into general report, major cargo categories section, regional section, market and investment section, special topic section and case study section. The general report mainly studies the overall characteristics of China's port economic operation, the operational characteristics of coastal and inland ports, and the outlook for the overall operational situation in 2023. The major cargo categories section mainly focus on key cargo categories such as coal, crude oil, iron ore and containers, analyze the changing characteristics and future trends of port key cargo throughput based on the development of upstream and downstream industries. The regional section mainly analyze and prospects the economic operation of ports of Liaoning coastal area, Tianjin-Hebei coastal area, Shandong coastal area, Yangtze River Delta, Southeast coastal area, Pearl River Delta, Southwest coastal area, and other regions. The market and investment section focus on themes such as the shipping market, port and shipping enterprises, and waterway transportation investment, with a review of 2022 and a brief outlook for 2023. Special topic section systematically analyze thematic issues such as hotspots and difficulties in industry development. Case study section selects typical local port cases for in-depth analysis.

**Keywords:** Chinese Ports; Internationl shipping; Port Economy

# 目 录 ⟩⟩

## Ⅰ 总报告

## Ⅱ 重点货类篇

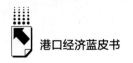
# Ⅲ 区域篇

# Ⅳ 市场与投资篇

# Ⅴ 专题篇

# Ⅵ 案例篇

皮书数据库阅读 **使用指南** 👆

# CONTENTS ⬈

## I    General Report

## II    Major Cargo Categories Section

# Ⅲ  Regional Section

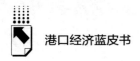
# Ⅳ　Market and Investment Section

# Ⅴ　Special Topic Section

# Ⅵ　Case Study Section

# 总 报 告

## General Report

# **B**.1
# 2022年中国港口经济运行形势分析
# 与2023年展望

葛 彪　魏雪莲　于汛然　沈益华*

**摘　要：** 2022年，受新冠疫情及地缘政治等因素影响，海外商品消费
需求整体放缓、国内工业生产相对疲弱。在此背景下，全年
全国港口完成货物吞吐量157亿吨，同比增长0.9%，比
2021年净增1.4亿吨。其中，沿海港口货物吞吐量增速高于
内河港口。沿海港口矿建材料和集装箱吞吐量增速领先。沿
海港口整体发展格局相对稳定，辽宁和珠三角沿海港口货物
吞吐量下降明显。在内河港口完成的货物吞吐量中，散货占
主体地位，76%的货物吞吐量集中在长江和珠江水系。展望
2023年，在宏观经济好转的预期下，港口货物吞吐量增速将
加快。预计2023年全国港口货物吞吐量同比增速为2.8%，

---

* 葛彪，交通运输部规划研究院高级工程师；魏雪莲，交通运输部规划研究院高级工程师；于
汛然，交通运输部规划研究院工程师；沈益华，交通运输部规划研究院水运所总工程师。以
上作者的研究方向均为运输经济和水运规划等。

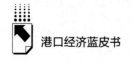
其中沿海港口货物吞吐量增长 2.6%，内河港口货物吞吐量增长 3.5%。

**关键词：** 港口货物吞吐量　沿海港口　内河港口

# 一　2022～2023年宏观经贸形势概述

## （一）国际形势

### 1.2022年回顾

（1）全球经济下行压力较大。根据国际货币基金组织（IMF）最新报告，2022 年全球经济增长 3.4%，较 2021 年降低 2.8 个百分点。发达经济体、新兴经济体和发展中国家经济增速均明显下降，具体情况如下。

①2022 年发达经济体经济增速为 2.7%，较上年回落 2.7 个百分点。其中，美国经济增长相对较慢，增速为 2.0%，比上年回落 3.9 个百分点；欧元区经济增速为 3.5%，比上年回落 1.8 个百分点；日元区经济增速为 1.4%，比上年回落 0.7 个百分点。

②新兴经济体和发展中国家经济增速为 3.9%，较上年回落 2.8 个百分点。其中，俄罗斯、巴西、印度和南非经济增速分别为 -2.2%、3.1%、6.8% 和 2.6%，分别比上年回落 6.9 个百分点、1.9 个百分点、1.9 个百分点和 2.3 个百分点。相反，东盟 5 国经济增速有所回升，平均增速为 5.2%，较 2021 年回升 1.4 个百分点。2000～2023 年全球及主要经济体经济增速走势情况如图 1 所示。

（2）全球贸易放缓。据国际货币基金组织最新报告，2022 年全球贸易增长 5.4%，较 2021 年放缓 5.0 个百分点。2020～2023 年全球及主要经济体对外贸易增速变化情况如表 1 所示。

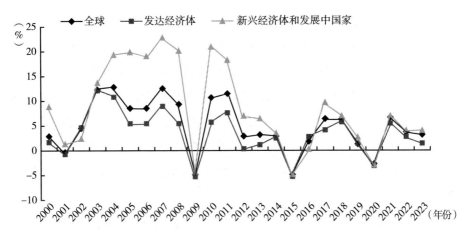

**图1　2000～2023年全球及主要经济体经济增速走势情况**

注：2023年为预测数据。

资料来源：国际货币基金组织。

**表1　2020～2023年全球及主要经济体对外贸易增速变化情况**

单位：%

|  | 2020年 | 2021年 | 2022年 | 2023年（预测） |
| --- | --- | --- | --- | --- |
| 全球 | -8.2 | 10.4 | 5.4 | 2.4 |
| 发达经济体 | -9.0 | 9.4 | 6.6 | 2.3 |
| 新兴经济体和发展中国家 | -6.7 | 12.1 | 3.4 | 2.6 |

资料来源：国际货币基金组织：《世界经济展望》。

（3）全球大宗商品价格波动剧烈。2022年1~6月，俄乌冲突引发的欧洲天然气供应大幅削减、市场预期向好等因素推动了大宗商品价格的持续走高。7~12月，美联储加息进程显著加快，市场对欧美经济衰退的预期升温，商品市场全线回落。2022年末，市场再次恢复强预期，主要大宗商品价格均有所回升。

2. 2023年展望

展望2023年，全球经济增速将有所放缓，各经济体面临较大冲击。根据世界银行和国际货币基金组织的最新分析，2023年全球经济主要面临以下几方面的风险和不确定性。

一是全球通胀和货币紧缩政策。虽然预计2023年通胀水平较2022年有所下降，但仍远高于疫情前的水平。为遏制高通胀并提高人们抗击通胀的信心，各国央行开始采取紧缩的货币政策来应对经济过热的现象。持续高通胀和货币政策的收紧使许多国家滞胀、金融环境收紧、财政压力的风险持续增大。在全球经济增长疲软的背景下，货币紧缩政策引发的全球借贷成本上升，可能促使投资者重新评估许多国家债务负担的可持续性，从而引发广泛的避险行为。投资活动的锐减可能使全球经济再次陷入衰退。

二是地区冲突对全球贸易造成冲击。地区冲突直接造成了欧洲大宗商品供应的中断，引发了严重的能源危机，对欧洲的经济和社会造成了不利影响。随着这种地缘政治的紧张局势蔓延到全球，全球贸易开始面临不确定性，各国开始重构供应链，将生产转移到国内或者重新寻找贸易合作伙伴，贸易壁垒的提高降低了全球贸易的流动性。同时，持续的不确定性和通过国内补贴与构筑进口壁垒推动的贸易回流也会减缓投资、贸易与生产力的发展速度。

总体上，预计2023年全球经济增速将有所放缓。国际货币基金组织、世界银行和联合国对2023年全球经济和贸易增长也持谨慎态度，预测结果如表2所示。

表2　部分国际机构对2023年全球和部分经济体经济和贸易增速的预测情况

单位：%

| | 国际货币基金组织 | | 世界银行 | | 联合国 | |
|---|---|---|---|---|---|---|
| | 2022年 | 2023年(预测) | 2022年 | 2023年(预测) | 2022年 | 2023年(预测) |
| 全球经济 | 3.4 | 2.9 | 2.9 | 1.7 | 3.0 | 1.9 |
| 发达经济体 | 2.7 | 1.2 | 2.5 | 0.5 | 2.6 | 0.4 |
| 美国 | 2.0 | 1.4 | 1.9 | 0.5 | 1.8 | 0.4 |
| 欧元区 | 3.5 | 0.7 | 3.3 | 0 | 3.2 | 0.1 |
| 日本 | 1.4 | 1.8 | 1.2 | 1.0 | 1.6 | 1.5 |
| 新兴经济体和发展中国家 | 3.9 | 4.0 | 3.4 | 3.4 | 3.9 | 3.9 |

续表

| | 国际货币基金组织 | | 世界银行 | | 联合国 | |
|---|---|---|---|---|---|---|
| | 2022 年 | 2023 年（预测） | 2022 年 | 2023 年（预测） | 2022 年 | 2023 年（预测） |
| 俄罗斯 | -2.2 | 0.3 | -3.5 | -3.3 | -3.5 | -2.9 |
| 中国 | 3.0 | 5.2 | 2.7 | 4.3 | 3.0 | 4.8 |
| 印度 | 6.8 | 6.1 | 8.7 | 6.9 | 6.4 | 5.8 |
| 巴西 | 3.1 | 1.2 | 3.0 | 0.8 | 2.9 | 0.9 |
| 南非 | 2.6 | 1.2 | 1.9 | 1.4 | 2.5 | 2.3 |
| 全球贸易 | 5.4 | 2.4 | 4.0 | 1.6 | 3.0 | -0.4 |

注：资料来源于国际货币基金组织《世界经济展望》、世界银行《全球经济展望》、联合国《2023 年世界经济形势与展望》；表格内对 2023 年经济增长率的估算值中，除国际货币基金组织估算值为按购买力平价法计算外，其他机构估算值均按汇率法计算。

资料来源：作者根据相关资料整理。

2022 年，通货膨胀、紧缩的货币政策、地缘政治冲突、极端天气等不确定性因素加大了各国政策应对的难度，并加大了世界经济复苏的风险。以国际货币基金组织的预测为例，2023 年全球经济增速预计在 2.9% 左右。2023 年发达经济体经济增速预计在 1.2% 左右，比 2022 年减缓 1.5 个百分点左右。不确定性冲击的强度不同使各国的经济增长态势出现分化。美国的经济增长率预计将从 2022 年的 2.0% 放缓至 2023 年的 1.4%。实际可支配收入下降将继续抑制国内消费者的需求，而利率上升对投资特别是住宅投资造成重要影响，从而导致经济增速放缓。欧元区经济增长率预计从 2022 年的 3.5% 降至 2023 年的 0.7%。2023 年，全球经济增长率的下调主要受外部因素影响，即能源进口价格上涨导致的贸易条件恶化，以及通胀率超过工资增长导致的消费下降。受整体宏观环境波动和经济传导效应的影响，预计其他发达经济体 2023 年的经济增速也将放缓。

国际货币基金组织预测，2023 年，新兴经济体和发展中国家的经济增速为 4.0% 左右，与 2022 年增速基本持平，与发达经济体形成鲜明对比。预计 2023 年中国的经济增长率在 5.2% 左右；俄罗斯受欧美经济制裁影响，预计 2023 年经济增速在 0.3% 左右；受欧美和中国经济增速放缓的影响，预计

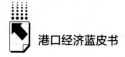

2023 年印度的经济增长率将从 2022 年的 6.8% 左右放缓至 6.1% 左右。

预计 2023 年全球贸易增速将大幅放缓。根据国际货币基金组织的预测结果，2023 年全球贸易增速将在 2.4% 左右，与 2022 年相比下降明显。地区冲突给全球供应链带来了压力，美元汇率的上升对境外的消费者和生产者价格产生不利影响，这些因素将使全球贸易增速进一步放缓。

### （二）中国经济形势

#### 1. 2022 年回顾

2022 年，国内完成 GDP 总量为 121 万亿元，同比增长 3.0%，增速比 2021 年减缓 5.4 个百分点，人均 GDP 为 85698 元，同比增长 3%。第一、第二和第三产业增加值增速分别为 4.1%、3.8% 和 2.3%。最终消费支出对 GDP 增长的贡献率为 32.8%，对资本形成总额的贡献率为 50.1%，对货物和服务净出口的贡献率为 17.1%。2022 年全国 31 个省（区、市）经济增长情况如表 3 所示。

表 3　2022 年全国 31 个省（区、市）GDP 增速

单位：%

| 省（区、市） | 增速 | 省（区、市） | 增速 | 省（区、市） | 增速 |
|---|---|---|---|---|---|
| 江西 | 4.7 | 河北 | 3.8 | 辽宁 | 2.1 |
| 福建 | 4.7 | 安徽 | 3.5 | 广东 | 1.9 |
| 湖南 | 4.5 | 新疆 | 3.2 | 贵州 | 1.2 |
| 甘肃 | 4.5 | 浙江 | 3.1 | 西藏 | 1.1 |
| 山西 | 4.4 | 河南 | 3.1 | 天津 | 1.0 |
| 云南 | 4.3 | 四川 | 2.9 | 北京 | 0.7 |
| 陕西 | 4.3 | 广西 | 2.9 | 海南 | 0.2 |
| 湖北 | 4.3 | 江苏 | 2.8 | 上海 | -0.2 |
| 内蒙古 | 4.2 | 黑龙江 | 2.7 | 吉林 | -1.9 |
| 宁夏 | 4.0 | 重庆 | 2.6 | | |
| 山东 | 3.9 | 青海 | 2.3 | | |

资料来源：作者根据相关资料整理。

2022年我国经济运行主要具有如下特点。

一是工业复苏态势微弱。规模以上工业增加值为37.0万亿元，同比增长3.6%，增速比2020~2021年的平均增速减少2.6个百分点。其中，制造业增加值增速为3.0%，制造业增加值占GDP的比重为27.7%，比上年提高0.2个百分点。

二是产业结构继续调整。三次产业占比分别由2021年的7.3%、39.4%和53.3%，调整至2022年的7.3%、39.9%和52.8%。

三是固定资产投资稳定恢复，房地产投资下行。全社会固定资产投资（不含农户）为57.2万亿元，同比增长5.1%，增速比2020~2021的平均增速提升1.2个百分点。其中，制造业投资同比增长9.1%，高技术产业投资同比增长18.9%，基础设施投资同比增长9.4%，房地产开发投资同比下降10.0%。

四是消费市场需求下降。社会消费品零售总额为44.0万亿元，同比下降0.2%，增速比2020~2021年的平均增速回落4.1个百分点。其中，网上零售额为13.8万亿元，同比增长4.0%；实物商品网上零售额为12.0万亿元，同比增长6.2%，占社会消费品零售总额的比重为27.3%。

五是外贸规模继续增长，贸易方式结构持续优化。我国货物进出口总额为42.1万亿元，同比增长7.7%。其中，出口24.0万亿元，增长10.5%；进口18.1万亿元，增长4.3%。一般贸易进出口26.8万亿元，同比增长11.5%，占进出口总额的比重为63.7%；同期，加工贸易进出口8.5万亿元，占进出口总额的比重为20.2%。我国前五大贸易伙伴依次为东盟、欧盟、美国、韩国和日本，对上述贸易伙伴的贸易额分别为6.5万亿元、5.7万亿元、5.1万亿元、2.4万亿元和2.4万亿元，同比分别增长15.0%、5.6%、3.7%、3.2%和-0.7%。同期，我国对"一带一路"沿线国家贸易额增长19.4%，比整体增速高出11.7个百分点。机电产品是我国2022年进出口的主要产品，其进出口额占进出口总额的49.1%。从季节调整后的采购经理指数（PMI）来看，制造业PMI指数全年波动明显，12月为47.0%，低于临界点。非制造业PMI指数在2022年6月反弹至最高点后持续下降至

12 月的 41.6%，表明我国经济面临一定的下行压力，景气水平有所回落。

2017~2023 年，我国主要经济指标增速变化情况如表 4 所示。

**表 4 2017~2023 年我国主要经济指标增速变化情况**

单位：%

| 主要经济指标 | 2017 年 | 2018 年 | 2019 年 | 2020 年 | 2021 年 | 2022 年 | 2023 年 |
|---|---|---|---|---|---|---|---|
| GDP | 6.9 | 6.6 | 6.1 | 2.3 | 8.4 | 3.0 | 5.5 |
| 规模以上工业增加值 | 6.6 | 6.2 | 5.7 | 2.8 | 9.6 | 3.6 | 4.5 |
| 固定资产投资 | 7.2 | 5.9 | 5.4 | 2.7 | 4.9 | 5.1 | 5.5 |
| 社会消费品零售总额 | 10.2 | 9.0 | 8.0 | -3.9 | 12.5 | -0.2 | 5.5 |
| 外贸进出口额（美元计价） | 11.4 | 12.6 | -2.2 | 0.6 | 29.7 | — | — |
| 外贸进出口额（人民币计价） | 14.2 | 9.7 | 3.4 | 1.9 | 21.4 | 7.7 | 5.5 |

注：2023 年为作者预测数据。

资料来源：国家统计局。

分季度来看，经济增速呈现"V"形走势。2022 年第一季度全国 GDP 同比增长 4.8%，第二季度同比增长 0.4%，第三季度同比增长 3.9%，第四季度同比增长 2.9%（见图 2）。全国经济触底回升，但恢复程度总体偏弱。

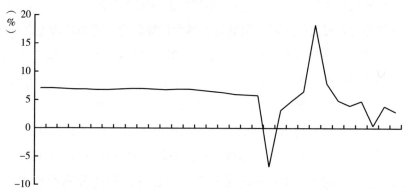

**图 2 2015~2022 年我国分季度 GDP 走势**

资料来源：国家统计局。

## 2. 2023年展望

展望2023年，一方面，在全球贸易萎缩、全球经济增长进入下行周期的因素影响下，中国经济面临一定的下行压力。另一方面，美国等主要经济体开始实行宽松的货币政策，这有助于减轻中国货币政策面临的外部制约，从而稳定国内金融市场；房地产市场逐步恢复、高技术服务业生产和投资将保持较快增长，叠加2022年低基数，预计2023年中国宏观经济各项指标将有所回升。

稳增长政策落地见效有利于国内经济增长。2022年，各级政府相继出台一系列政策，有助于保障经济平稳运行。这些政策的效果有望在2023年显现，有助于提高企业供应链和产业链的韧性。

固定资产投资增速可能放缓。一是基础设施建设投资保持较快增长。预计2023年政府将继续加强基础设施建设项目储备，通过加大财政支持力度、运用准财政工具等方式拓展资金来源，推动基础设施建设项目早开工、专项债等资金使用。二是房地产投资将企稳回升。"金融16条"等政策将进一步助力化解房地产市场风险，提振购房者信心并释放合理住房需求。三是制造业投资增速将有所回落。受企业资金有限和企业投资动力不足限制，2022年制造业投资能力和产能利用率都相对较低，从而制约了制造业的发展进程。预计2023年固定资产投资增速在5.5%左右。

消费持续恢复。利好因素包括防疫政策的优化为服务消费、接触性消费的恢复创造了良好条件，被抑制的消费需求开始复苏，居民对未来经济和收入增长的预期改善，房地产市场逐步回暖，PPI-CPI负"剪刀差"将有利于产业链中下游企业提高利润。国际复杂的政治局势可能会引起大宗商品和能源价格波动，从而导致外部通胀。市场普遍预期2023年社会消费品零售总额增速为5.5%左右，与2021~2022年的平均增速相比，提高1.2个百分点。

外贸增速将比2022年放缓，出口增速承压。一方面，欧美经济增速放缓将导致外贸走弱，目前对美、欧出口仍占中国总出口的30%以上，其需求下降将对中国出口造成较大影响。随着全球经济下行和供给的缓慢恢复，2023年大宗商品价格将在波动中下行。世界银行预计，能源价格将在2023

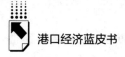

年出现11%的回调，有色金属、农产品价格中枢下移，这将带动工业生产者购进价格涨幅降低，进而导致产品出口价格下降，价格对出口名义增速的支撑作用将减弱。另一方面，对东盟出口有望延续高增长。近年来，中国与东盟、共建"一带一路"国家贸易活跃，并且凭借《区域全面经济伙伴关系协定》（Regional Comprehensive Economic Partnership，RCEP）的优势，中国对东盟的国际直接投资（Foreign Direct Investment，FDI）增长强劲，这些投资有望在未来进入生产环节，进一步增强中国与东盟的产业链协同效应，有利于增加中国对其中间品的出口。同时，随着疫情形势得到有效控制，中国企业纷纷开始赴海外签署订单，海外业务得到拓展，为外贸稳定发展奠定了基础。预计2023年中国进出口增速也在5.5%，比2022年稍有下降。

2023年预计全球经济和贸易将实现复苏，结合消费、投资、进出口的增速以及相关机构的研究结论，预测2023年我国经济增速在5.5%左右。基于全球经济弱复苏的判断，预计2023年我国外贸进出口增速在5.5%左右，与2022年的增速相比有所放缓。

## 二 2022~2023年沿海港口经济运行形势分析与展望

### （一）总体情况

**1. 受疫情及地缘政治影响，沿海港口货物吞吐量增速明显放缓**

2022年，在国内新冠疫情、国际地区冲突升级及美联储持续加息等因素的叠加影响下，国内经济下行态势明显，全国沿海港口（含江苏沿江八港，下同）货物吞吐量增速有所放缓。2022年，全国沿海港口完成货物吞吐量123.5亿吨，同比增长1.3%，增速较上年减少3.4个百分点（见图3）。

分季度看，由于年初国内专项债发行加快、"新基建"投资力度较大，2022年第一季度沿海港口货物吞吐量同比增长2.2%，总体呈现稳定增长的态势。自3月以来，制造业上游及中游行业增速明显回落。受此影响，第二

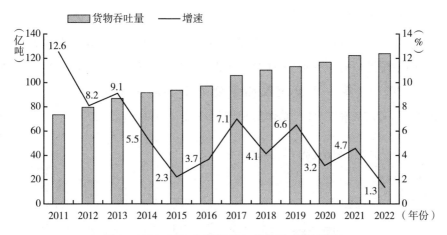

**图3  2011~2022年沿海港口货物吞吐量及增速**

资料来源：交通运输部。

季度沿海港口货物吞吐量同比下降2.2%。自5月以来，多部门出台的稳增长、保民生政策效果开始显现，港口运输需求明显增长，第三季度沿海港口货物吞吐量同比增长1.9%。第四季度，国内疫情防控措施调整，经济和市场活力恢复，港口运输需求有所增加，沿海港口货物吞吐量同比增速为2.6%（见图4）。

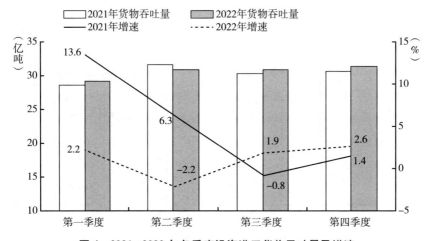

**图4  2021~2022年各季度沿海港口货物吞吐量及增速**

资料来源：交通运输部。

### 2. 港口外贸吞吐量下降

2022 年，国际大宗商品及能源价格上涨，我国外贸进出口量下降，全年全国沿海港口外贸吞吐量为 45.2 亿吨，同比下降 1.9%（见图 5）。分季度看，2022 年第一季度至第四季度外贸吞吐量增速分别为 -4.8%、-2.8%、-2.7% 和 2.5%，总体呈现增长态势（见图 6）。

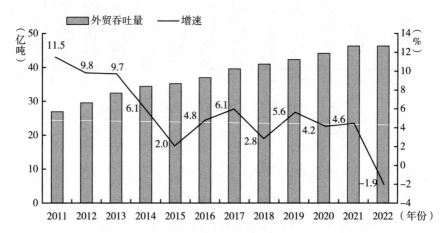

**图 5　2011~2022 年全国沿海港口外贸吞吐量及增速**

资料来源：交通运输部。

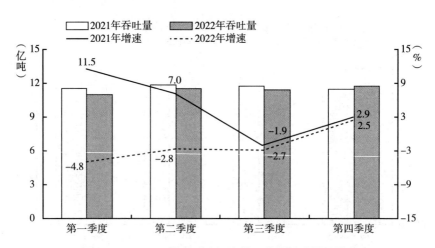

**图 6　2021~2022 年各季度沿海港口外贸吞吐量及增速**

资料来源：交通运输部。

3.传统煤油矿箱①仍占主导地位，矿建材料代替石油及制品成第四大货类

2022年，集装箱、煤炭、金属矿石、矿建材料和石油及制品依然是我国沿海港口的五大主要货类，全年完成吞吐量105亿吨，占总吞吐量的85%，占比较2021年提高约1个百分点。其中，矿建材料吞吐量自2019年超过石油及制品后一直稳居第四大货类。2021~2022年全国沿海港口分货类吞吐量占总吞吐量的比重如图7所示。

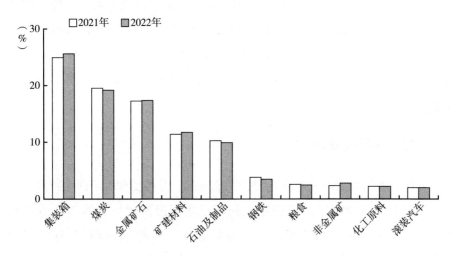

**图7 2021~2022年全国沿海港口分货类吞吐量占总吞吐量的比重**

资料来源：作者根据相关资料整理。

从吞吐量增量贡献来看，全年集装箱、矿建材料、非金属矿、金属矿石和煤炭的贡献率分别为91%、46%、44%、23%和3%，石油及制品贡献率为-10%。

2022年，海外商品消费需求整体放缓，积压库存需逐步消耗。沿海港口集装箱运输各月波动明显，但全年依旧实现增长，货物吞吐量同比增长4.7%。在国内煤炭消费需求总体偏弱的背景下，煤炭海运需求规

---

① 目前，相关部门对集装箱重量不做统计，报告中集装箱吞吐量是根据前几年平均单箱重量乘以箱量推算得出。

模整体保持稳定，沿海港口煤炭吞吐量为 23.9 亿吨，同比增长 0.2%。受国内天然气消费需求下降、国内自产气和进口管道气规模增长较快等因素影响，2022 年我国沿海港口 LNG 进口规模同比下降 19.6%。2022 年，我国粗钢、生铁产量继续下降，全年沿海港口进口矿石接卸量为 12.0 亿吨，同比下降 0.1%。在国际原油价格大幅上涨的情况下，我国增加了国内原油的产量，原油进口量有所下降。2022 年，我国沿海港口原油吞吐量为 6.7 亿吨，同比下降 0.8%；原油进口量为 4.7 亿吨，同比下降 5.7%。我国粮食进口均价较 2021 年增长 27%，导致我国粮食进口需求减少，沿海港口粮食进口量同比下降 12%。基础设施建设带动矿建材料实现 5% 的增长，沿海港口的滚装汽车运输恢复较快，实现 3% 的增长。

### （二）分区域发展情况

分区域看沿海港口货物吞吐量的完成情况，总体呈现以下两个特点。

一是整体发展格局保持稳定。长江三角洲沿海港口货物吞吐量占比为 39.4%，稳居各区域之首，山东沿海港口、津冀沿海港口和珠江三角洲港口位列第二梯队，其货物吞吐量占比分别为 15.3%、14.8% 和 12.1%。山东沿海港口货物吞吐量连续两年超过津冀沿海排第 2 位。珠江三角洲沿海港口因货物吞吐量增速明显放缓，货物吞吐量占比小幅下降。西南沿海港口、辽宁沿海港口和东南沿海港口位于第三梯队，其货物吞吐量占比分别为 6.6%、6.0% 和 5.7%。2022 年，辽宁沿海港口、珠江三角洲港口和西南沿海港口的货物吞吐量均为负增长。2022 年，各区域沿海港口货物吞吐量完成情况及增速见表 5 ①。

---

① 表中绝对量数据为四舍五入后的数据，增速是根据原始数据计算，因此，本报告中文字表述提到的增速或表中列出的增速与根据表中绝对数据计算出来的增速有一定出入。本报告后续相关表格中均存在类似现象。

表5　2022年各区域沿海港口货物吞吐量完成情况及增速

单位：亿吨，%

| 地区 | 吞吐量 | | 增速 | |
|---|---|---|---|---|
| | 总计 | 外贸 | 总计 | 外贸 |
| 全国沿海 | 123.5 | 45.2 | 1.3 | -1.9 |
| 辽宁沿海 | 7.4 | 2.4 | -6.0 | -11.1 |
| 津冀沿海 | 18.3 | 6.5 | 3.5 | 5.6 |
| 山东沿海 | 18.9 | 9.9 | 6.1 | -0.8 |
| 长江三角洲 | 48.7 | 15.4 | 1.6 | -3.6 |
| 东南沿海 | 7.1 | 2.6 | 3.2 | -0.7 |
| 珠江三角洲 | 15.0 | 5.3 | -3.8 | -4.6 |
| 西南沿海 | 8.1 | 3.1 | -0.5 | -0.7 |

资料来源：交通运输部。

二是各区域增长动力各不相同。2022年，受腹地经济增长乏力以及疫情持续影响，辽宁沿海港口货物吞吐量同比下降6.0%，减少了4717万吨。矿建材料、石油及制品、煤炭、水泥、金属矿石、钢铁和非金属矿吞吐量均呈下降态势，同比分别减少了1235万吨、1070万吨、968万吨、919万吨、327万吨、251万吨和225万吨。粮食吞吐量同比增长30.8%，净增1198万吨。集装箱吞吐量同比增长5.3%。

在非金属矿、矿建材料和金属矿石等货类吞吐量增长的共同作用下，津冀沿海港口货物总吞吐量同比增长3.5%，净增6189万吨。其中，矿建材料、非金属矿、金属矿石和煤炭吞吐量同比分别净增1767万吨、1398万吨、1314万吨和1244万吨，对总吞吐量的贡献率分别为28.5%、22.6%、21.2%和20.1%。集装箱吞吐量同比增长3.7%。

山东沿海港口货物吞吐量同比增长6.1%，净增1.1亿吨，增速明显高于津冀沿海港口和辽宁沿海港口。非金属矿、煤炭、滚装汽车和机械设备是山东沿海港口吞吐量增长贡献率较高的货类，同比分别净增4506万吨、1662万吨、1660万吨和973万吨，对总吞吐量的贡献率分别为41.4%、15.3%、15.3%和8.9%。集装箱吞吐量同比增长9.0%。

长江三角洲沿海港口货物吞吐量同比增长1.6%，净增7525万吨。矿建材料、金属矿石和煤炭吞吐量同比分别净增 4780 万吨、3813 万吨和 1629 万吨，对总吞吐量的贡献率分别为 63.5%、50.7% 和 21.7%。集装箱吞吐量同比增长 4.9%。

珠江三角洲沿海港口货物吞吐量同比下降 3.8%，净减少 5908 万吨。煤炭、矿建材料、钢铁和机械设备吞吐量下降明显，同比分别净减少 2398 万吨、1369 万吨、1186 万吨和 1100 万吨。集装箱吞吐量同比增长 0.8%。

东南沿海港口货物吞吐量同比增长 3.2%，净增 2218 万吨。其中，矿建材料、金属矿石和煤炭吞吐量同比分别净增 2574 万吨、860 万吨和 263 万吨，对总吞吐量的贡献率分别为 116.1%、38.8% 和 11.8%。集装箱吞吐量同比增长 3.1%。

西南沿海港口货物吞吐量同比下降 0.5%，净减少 434 万吨。其中，煤炭、粮食、石油及制品与化肥和农药吞吐量同比分别净减少 930 万吨、429 万吨、325 万吨与 311 万吨。集装箱吞吐量同比增长 15.9%。

## （三）分港口发展情况

2022 年，我国货物吞吐量超过 2 亿吨的港口有 23 个，全年共完成货物吞吐量 102 亿吨，同比增长 2.1%，占全国沿海港口货物总吞吐量的 82.5%，与上年基本持平（见图 8）。

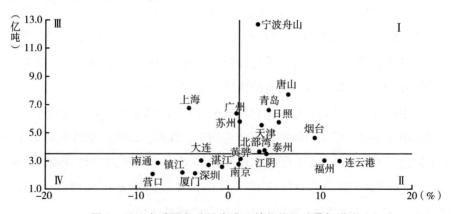

**图 8　2022 年我国部分沿海港口的货物吞吐量与增速**

资料来源：交通运输部。

其中，2022年宁波舟山港货物吞吐量为12.61亿吨，居沿海港口首位，也是全国唯一一个货物吞吐量突破10亿吨的港口。大连港、营口港受原油、金属矿石等货类吞吐量下降的影响，总吞吐量同比分别下降3.0%和8.2%，其中，大连港货物吞吐量延续下降态势。连云港港、福州港增速超过10%，其货物吞吐量同比分别增长11.9%、10.3%，主要得益于煤炭、滚装汽车以及集装箱等货类吞吐量的快速增长。

### （四）2023年展望

展望2023年，我国将深入贯彻党的二十大会议精神，落实建设社会主义现代化强国、实现中国式现代化的中心任务，加快构建以国内大循环为主体、国内国际双循环相互促进的新发展格局，着力推进高质量发展。尽管我国经济发展仍面临需求收缩、经济下行的压力，但经济长期向好的基本面没有改变，相关机构预测2023年我国经济实际增速有望上行至5.5%左右。

综合分析，预计2023年沿海港口货物吞吐量将呈现恢复性增长的态势。五大货类占比维持在84%的水平，预计2023年货物吞吐量将达到126.5亿吨，增速为2.6%左右（见表6）。

对于重点货类发展趋势的初步判断。

·煤炭吞吐量将达到24.3亿吨，同比增长1.8%；一次下水量为9.1亿吨，同比增长0.7%；进口量为2.7亿吨，同比增长8.0%。

·原油吞吐量7.0亿吨，同比增长4.2%。其中，外贸进口原油5.0亿吨，同比增长6.8%。

·铁矿石吞吐量19.2亿吨，同比增长1.0%；其中外贸进口铁矿石12.1亿吨，同比增长0.6%。

·集装箱吞吐量2.9亿TEU，同比增长3.5%；其中国际航线1.5亿TEU，同比增长2.2%。

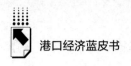

表6　2023年沿海港口货物吞吐量预测

| 主要货类 | 2023年(预测) | |
| --- | --- | --- |
| | 绝对值(亿吨,亿TEU) | 增速(%) |
| 沿海总吞吐量 | 126.5 | 2.6 |
| 外贸吞吐量 | 46.0 | 1.8 |
| 1. 煤炭吞吐量 | 24.3 | 1.8 |
| 一次下水量 | 9.1 | 0.7 |
| 外贸进口量 | 2.7 | 8.0 |
| 2. 原油吞吐量 | 7.0 | 4.2 |
| 外贸进口量 | 5.0 | 6.8 |
| 3. 铁矿石吞吐量 | 19.2 | 1.0 |
| 外贸进口量 | 12.1 | 0.6 |
| 4. 集装箱吞吐量 | 2.9 | 3.5 |
| 国际航线吞吐量 | 1.5 | 2.2 |

# 三　2022~2023年内河港口经济运行形势分析与展望

## (一)2022年回顾

2022年,内河港口(不含江苏沿江八港,下同)货物吞吐量完成33.3亿吨,同比下降0.5%。2021~2022年,内河港口外贸货物吞吐量维持在8000万~9000万吨的水平,2022年完成8435万吨,同比微降0.6%。

在内河港口的货物吞吐量中,散货占主体地位,76%的货物吞吐量集中在长江和珠江水系。主要货物品类中,2022年内河港口完成干散货吞吐量23.3亿吨,占内河港口货物总吞吐量的70%;分别完成液体散货、件杂货和集装箱吞吐量1.1亿吨、6.6亿吨和2.2亿吨,分别占内河港口货物总吞吐量的3%、20%和7%。滚装商品汽车吞吐量仍然延续2021年的增长势头,增速达到56.3%,位居各货类第一,承担滚装汽车运输较多的港口包括重庆港、宜昌港和武汉港。分区域看，长江水系、珠江水系和京杭运河内河港口分别完成货物吞吐量 20.2 亿吨、4.9 亿吨和 6.8 亿吨，分别较上年增长 1.2%、2.2%和-8.2%，占内河港口货物总吞吐量的比重分别为 61%、15% 和 20%。

三峡船闸连续多年超过设计通过能力，超负荷运行压力较大。三峡船闸过坝货运量于 2011 年突破 1 亿吨，提前达到设计通过能力，并于 2019 年达到货运峰值，过坝货运量近 1.5 亿吨。2020 年受疫情影响，过坝货运量降至 1.4 亿吨，2021 年回升至 1.46 亿吨，2022 年进一步上升至 1.56 亿吨，创历史新高。

内河主要港口合计完成货物吞吐量同比下降。2022 年，28 个内河主要港口合计完成货物吞吐量 20.1 亿吨，同比下降 1.6%，占内河港口货物总吞吐量的比重为 60%，与 2021 年相比下降 1.0 个百分点。其中，完成货物吞吐量超过 1 亿吨的港口有 8 个，合计完成货物吞吐量 10.7 亿吨，占内河主要港口货物总吞吐量的 53.2%，与 2021 年相比下降 12.0 个百分点。

## （二）2023年展望

展望 2023 年，在全球性大通胀、发达经济体货币政策收紧以及地缘政治冲突加剧等负面因素的影响下，全球经济复苏乏力。而中国经济在疫情防控措施持续优化和"稳增长"的政策利好之下，有望在 2023 年恢复增长，成为提振全球经济的重要力量。

初步判断在国内消费升级的促进下，内河港口还有进一步提升的空间，尤其是整体处于工业化中期的中西部地区，通过进一步完善产业发展要素条件和交通基础设施等，将为承接沿海产业转移提供良好的环境，区域经济发展前景广阔，对内河港口的货运需求持续增加。同时，在我国的"双碳"目标下，绿色、环保、经济的内河航运将在综合交通运输体系中发挥更大的作用，其地位也将逐步提升。预计 2023 年内河港口货物吞吐量增速为 3.5%。

# 重点货类篇
## Major Cargo Categories Section

# B.2
# 2022年沿海港口煤炭运输回顾
# 与2023年展望

张晓晴　吴宏宇　葛　彪　孙瀚冰*

**摘　要：** 2022年，在全球经济持续复苏的整体带动下，受俄乌冲突影响，国际煤炭需求激增，煤价持续处于高位，出现全球性缺煤缺电情况。我国经济平稳复苏，受全球性煤炭供应紧张影响，煤炭外贸进口量大幅下降，国家发改委及煤炭主产地积极推动煤炭增产保供，沿海煤炭运输规模保持稳定。2023年，全球能源危机仍然存在，为确保我国能源供应稳定，建议高度关注全球能源格局对我国能源供给安全的影响，进一步提升北煤南运系统的安全可靠性。

**关键词：** 沿海港口　能源安全　煤炭运输　北煤南运系统

---

\* 张晓晴，交通运输部规划研究院高级工程师；吴宏宇，交通运输部规划研究院工程师；葛彪，交通运输部规划研究院高级工程师；孙瀚冰，交通运输部规划研究院首席研究员。以上作者研究方向均为运输经济和水运规划等。

# 一 煤炭市场运行情况

## （一）世界煤炭市场发展情况

### 1. 地区冲突影响全球能源格局，煤炭消费创历史新高

21世纪以来，新兴经济体如印度、中国煤炭需求的持续扩张拉动了全球煤炭消费的快速增长，2013年煤炭消费在全球一次能源总消费中占比高达31.0%，之后在中国煤炭消费控制、美国加大对页岩气开发利用力度、新冠疫情影响全球经济等因素的影响下，世界煤炭消费需求转弱，煤炭消费总规模波动下滑，煤炭消费占全球一次能源总消费的比重逐步回落至2021年的26.9%。2022年，在全球经济持续复苏的整体格局下，受地区冲突影响，欧洲能源供应紧张，多国重启煤电计划，国际煤炭需求激增，国际能源署（IEA）预测，2022年全球煤炭消费量将首次超过80亿吨，同比增长1.2%，超过2013年创下的历史纪录。

### 2. 全球煤炭供给规模显著增长，但全年煤炭供需矛盾凸显

近年来全球煤炭供应呈现波动性增长态势，国际能源署预测2022年全球煤炭产量达83.2亿吨，同比增长5.4%，创历史新高，但仍存在结构性短缺问题，未来全球仍可能出现缺煤缺电的情况。在主要产煤国中，2022年中国煤炭产量为44.9亿吨，同比增长9.0%；印度煤炭产量为9.1亿吨，同比增长12.1%；印度尼西亚煤炭产量为6.8亿吨，同比增长11.6%；澳大利亚煤炭产量为5.7亿吨，同比增长3.5%；美国煤炭产量为5.4亿吨，同比增长3.5%；俄罗斯煤炭产量为4.4亿吨，同比增长0.3%。

### 3. 煤炭贸易规模同步增长，中、印等国消费贡献较为突出

2022年，全球煤炭贸易逐步恢复，全球煤炭贸易量达到13.3亿吨，同比增长1.4%。俄乌冲突引发西方国家对俄罗斯实行一系列禁令和制裁，导致全球煤炭贸易流通格局调整，以欧洲部分国家为代表的买家寻

求替代供应。从出口看，仍以印度尼西亚和澳大利亚两大出口国为主，俄罗斯在欧洲的煤炭供应缺口被南非、哥伦比亚、坦桑尼亚和博茨瓦纳等其他较小的煤炭出口国替代。其中印度尼西亚的煤炭出口量达4.9亿吨，同比增长7.0%；澳大利亚的煤炭出口量为3.6亿吨，同比下降2.7%；俄罗斯的煤炭出口量同比下降7.6%。在主要进口国中，中国的煤炭进口量为2.9亿吨，同比下降9.2%；1~10月印度的煤炭进口量约2.0亿吨，同比增长8.7%。

**4.国际煤价受多重因素影响全年处于高位**

在全球经济复苏的整体带动下，受2022年初印度尼西亚发布煤炭出口禁令、地缘政治冲突不断升级引发全球性能源供给紧张、5月澳大利亚降雨阻碍煤炭生产和运输等复杂因素影响，2022年国际煤炭价格保持高位运行态势，出现全球性缺煤缺电情况。9月澳大利亚纽卡斯尔动力煤价格达到434美元/吨的高位，10月印度尼西亚动力煤指导价达到331美元/吨的高位。2020年1月至2022年11月国际煤炭价格变动情况如图1所示。

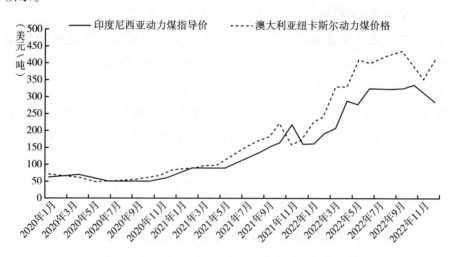

**图1 2020年1月至2022年11月国际煤炭价格变动情况**

资料来源：煤炭市场网。

## （二）我国煤炭市场发展情况

**1. 煤炭消费占一次能源消费比重继续下降，消费规模小幅增长**

煤炭在我国一次能源结构中一直占据主导地位，虽然随着能源结构的调整，煤炭消费占一次能源消费的比重有所下降，但消费量仍保持高位。2013年，全国煤炭消费量达到42.4亿吨的峰值，随后煤炭消费量开始下降，2017年降至38.6亿吨，此后逐渐回升至2021年的42亿吨。煤炭消费占一次能源消费的比重由2013年的68%持续降至2021年的56%。2022年，我国国民经济顶住疫情多点散发、输入性通胀、国际地缘政治冲突等多种超预期因素的不利影响，总体企稳回升，全年煤炭消费量仍保持小幅增长，规模在42亿吨以上，占一次能源消费的比重维持下降趋势。

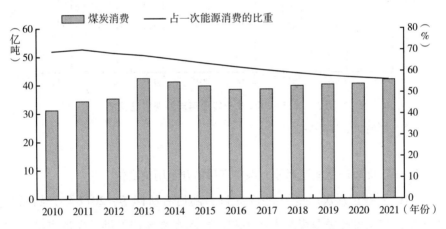

**图2　2010~2021年全国煤炭消费量及占一次能源消费的比重**

资料来源：国家统计局。

**2. 全社会用电量稳定增长，电煤消费推动煤炭消费规模增长**

2022年，我国煤炭总消费量中92%用于电力、化工、建材、钢铁四大耗煤行业，其中电力占比为57%左右（见图3）。2022年，在复杂外部环境和国内疫情多点散发等因素冲击下，中国经济社会发展大局保持稳定，全社会用电量、发电量保持小幅增长，同比增速分别为3.6%、2.2%。随着我国经济发展进入新常态，用电结构将发生较大变化，第三产业（尤其是信息传输、软件和信息技术服务业）用电量、城乡居民生活用电量（冬季取暖和夏季降温负荷）对电力消费需求的拉动效应日趋显著。第三产业用电量和城乡居民生活用电量当年同比增速分别为 4.4%、13.8%。其他耗煤行业中，钢铁、化工行业用煤需求保持稳定增长态势，建材行业受房地产进入下行周期、自身转型升级等因素影响，用煤需求同比下降。

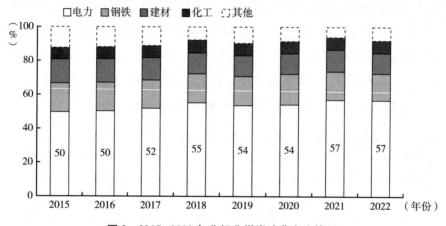

图 3　2015~2022 年分行业煤炭消费占比情况

资料来源：中国煤炭运销协会。

### 3. 煤炭优质产能加速释放，煤炭产量攀升至历史高位

2013 年我国煤炭产量为 39.7 亿吨，随后有所回落，2017 年开始回升。近年来，国家发改委及煤炭主产地积极推动煤炭增产保供，先进煤矿核准、建设进程加快，煤炭供应维持高位。2022 年煤炭产量为 44.9 亿吨，同比增长 9.0%，产量规模创历史新高（见图 4）。当前我国的煤炭生产正由总量性去产能转向结构性优化产能，以产能置换方式为主，不断扩大优质产能供给。煤炭产能进一步向资源禀赋好的晋、陕、蒙地区集中，这些地区煤炭产量达到 32.3 亿吨，占全国煤炭总产量的 71.9%。其中，山西煤炭产量为 13.1 亿吨，同比增长 8.7%；内蒙古煤炭产量为 11.7 亿吨，同比增长 10.1%；陕西煤炭产量为 7.5 亿吨，同比增长 5.4%。

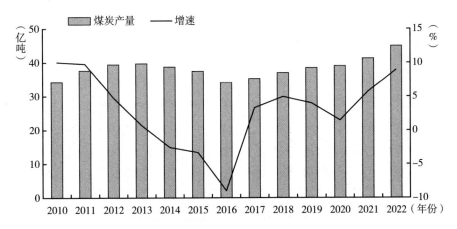

**图4　2010~2022年全国煤炭产量及增速**

资料来源：国家统计局。

**4.受国际能源危机影响，煤炭外贸进口量明显回落**

2022年，地缘政治冲突造成全球性能源危机，国际煤价常年保持高位，加之受年初印度尼西亚发布煤炭出口禁令、国内煤炭主产地积极推动煤炭增产保供等因素影响，我国进口煤炭2.9亿吨，同比下降9.2%（见图5）。进口来源国结构发生变化，受年初出口禁令影响，印度尼西亚占比达58.2%，下降2.3个百分点；俄罗斯占比达23.2%，提升5.6个百分点；蒙古国占比为10.6%，提升5.5个百分点；受我国仍对澳大利亚煤炭实施禁令影响，全年无澳大利亚进口量（2020年占比为26.0%）。

**5.市场供需缺口持续收缩，煤炭价格保持高位波动**

近年来，国内煤炭供应持续增加，煤炭需求缺口持续收缩，2022年煤炭全社会库存明显高于2020年、2021年同期水平，库存可用天数长期高于上年同期。但全球能源危机导致国际煤炭、天然气等能源商品价格大幅上涨，助推国内煤价维持高位。2月，国家发改委发布《关于进一步完善煤炭市场价格形成机制的通知》，引导煤炭价格在合理区间运行，保障能源安全稳定供应。如图6所示，我国动力煤期货结算价2022年全年在730~750元/吨的高位波动。

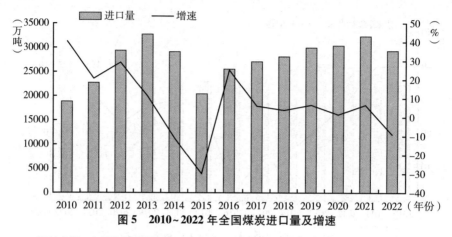

**图5 2010~2022年全国煤炭进口量及增速**

资料来源：中国煤炭运销协会。

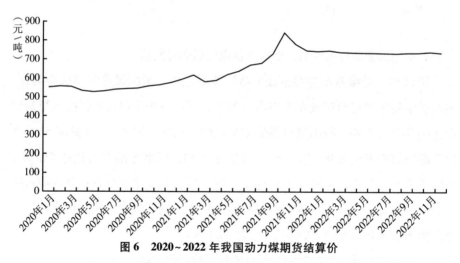

**图6 2020~2022年我国动力煤期货结算价**

资料来源：中国煤炭运销协会。

## 二 沿海煤炭运输情况

### （一）煤炭吞吐量

#### 1. 沿海港口煤炭吞吐量构成

近年来，随着我国对进口煤炭需求的持续快速增长，沿海港口煤炭运输已由传统的以"北煤南运"为主发展为"北煤南运"与"外贸进口"并重的格局。结合对港口煤炭流量流向的分析，目前沿海港口煤炭吞吐量大体可分为煤炭一次下水量、外贸进口量、中转量和内贸接卸量等四部分，具体情况如下。

·煤炭一次下水量，即我国自产煤炭的装船量，以服务我国"三西"地区①的调出煤炭为主，装船港主要集中在我国北方沿海，特别是津冀沿海，主要流向我国的东南沿海地区。这里强调"一次"下水量，主要是为了与南方部分沿海港口因转运而形成的"二次"下水量进行区分。

·外贸进港量，主要来自印度尼西亚、俄罗斯等国家，主要流向东南沿海地区。近年来，北方沿海地区的外贸进港量也呈现较快增长的态势。

·中转量，系指沿海部分港口将其所接卸的煤炭再装船而形成的内贸出口量，也称二次下水量。这部分转运煤炭既有国内煤，也包括外贸进口煤炭。

·内贸接卸量，即沿海港口完成的煤炭内贸进口吞吐量。主要包括两部分吞吐量：一是因接卸北方港口煤炭一次下水量而产生的吞吐量；二是因接卸周边港口的中转量而形成的吞吐量。

2021~2022年沿海煤炭吞吐量完成情况参见图7、图8②。

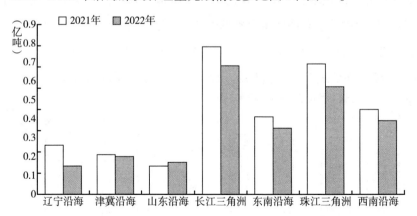

**图7　2021~2022年我国沿海港口煤炭外贸进港量**

资料来源：作者根据相关资料整理。

---

① "三西"地区：山西、陕西和内蒙古西部。

② 本书中部分柱状图未显示具体数据，仅用于示意。

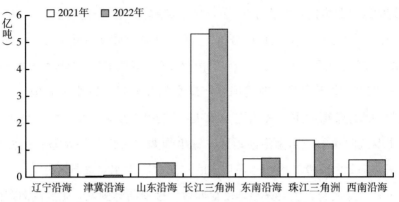

**图8　2021~2022年我国沿海煤炭内贸接卸量**

资料来源：作者根据相关资料整理。

### 2. 沿海煤炭总吞吐量

在国内煤炭消费需求总体偏弱的背景下，沿海煤炭海运需求规模整体保持稳定，2022年，我国海运煤炭调入量（煤炭一次下水量与外贸进港量之和减去外贸出港量）为11.4亿吨，与上年基本持平，沿海港口煤炭吞吐量为23.9亿吨，同比增长0.2%（见图9）。从构成来看，一次下水量、内贸接卸量、外贸进港量和中转量分别达到9.04亿吨、9.29亿吨、2.52亿吨和3.00亿吨，分别占沿海港口煤炭总吞吐量的37.8%、38.9%、10.5%和12.6%。随着外贸进口的大幅萎缩，煤炭一次下水量呈现增长态势。

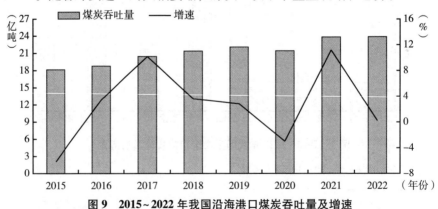

**图9　2015~2022年我国沿海港口煤炭吞吐量及增速**

资料来源：作者根据相关资料整理。

从各区域沿海港口煤炭吞吐量来看,环渤海、长江三角洲和珠江三角洲依然是煤炭运输的重点区域。2022年,三大区域分别完成煤炭吞吐量10.4亿吨、8.7亿吨和2.5亿吨,分别占总吞吐量的43.4%、36.4%和10.3%。东南沿海和西南沿海分别完成煤炭吞吐量1.2亿吨和1.2亿吨,分别占总吞吐量的5.1%和4.8%。从各区域吞吐量构成情况来看,环渤海以煤炭一次下水为主,长江三角洲和珠江三角洲以内贸接卸为主(见图10);而东南沿海和西南沿海,外贸进口量的占比提升明显。2022年,我国环渤海、长江三角洲和东南沿海港口煤炭吞吐量分别保持1.9%、1.9%和2.2%的同比增速,珠江三角洲和西南沿海受市场需求不足、外贸进港量下降的影响较大,煤炭吞吐量同比分别下降了8.9%和7.5%。

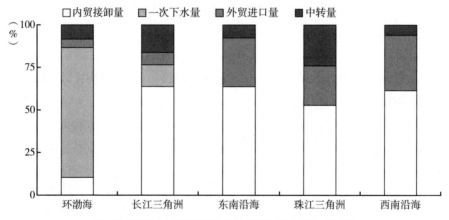

图10 2022年分区域沿海港口煤炭吞吐量构成情况

资料来源:作者根据相关资料整理。

从各季度增长情况来看,2022年我国沿海港口煤炭吞吐量总体呈倒"V"形增长趋势,第三季度受外贸进港量回升影响,同比增长5.7%,其他季度同比均有所下降,第一、第二和第四季度降幅分别为0.5%、0.3%和3.9%(见图11)。

(二)煤炭一次下水量

1.煤炭一次下水量稳步增长

2022年,沿海港口煤炭一次下水量为9.04亿吨,得益于国内煤炭加大

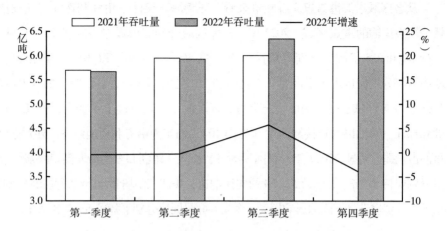

**图11　2021~2022年我国各季度沿海港口煤炭吞吐量及增速**

资料来源：作者根据相关资料整理。

供给、铁路运力提升，煤炭一次下水量同比增长3.7%，但增速较2021年下降6.5个百分点（见图12）。

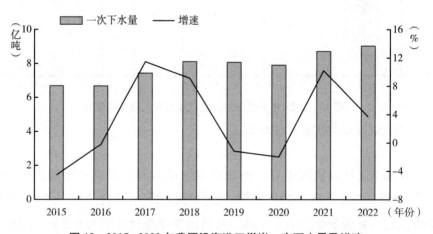

**图12　2015~2022年我国沿海港口煤炭一次下水量及增速**

资料来源：作者根据相关资料整理。

分季度看，2022年我国沿海港口煤炭下水量总体保持平稳，第四季度有小幅回落。2022年前三季度煤炭一次下水量均实现了正增长，增速分别为6.4%、5.5%和8.7%；第四季度受疫情影响，市场需求乏力，加之上年同期基数较高，同比下降5.2%（见图13）。

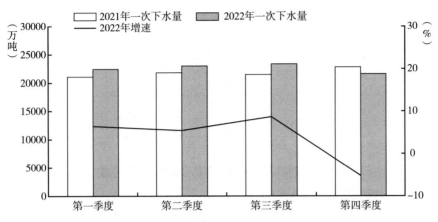

**图13 2022年分季度煤炭一次下水量完成情况**

资料来源：作者根据相关资料整理。

### 2. 北方四港煤炭下水量总体稳定增长，各港表现不均

煤炭下水量主要集中在北通道四港（秦皇岛港、唐山港、黄骅港、天津港），2022年四港下水量规模为7.93亿吨，同比增长1.6%，占沿海港口煤炭一次下水总量的87.8%，详见图14和图15。

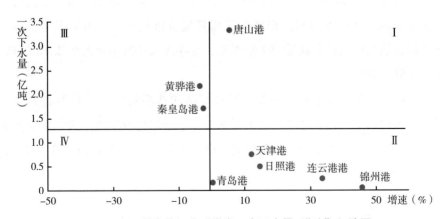

**图14 主要煤炭装船港"煤炭一次下水量-增速"矩阵图**

资料来源：作者根据相关资料整理。

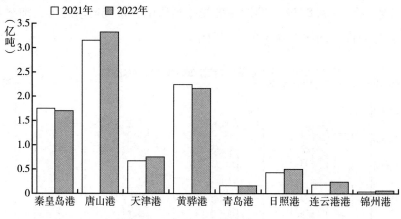

**图 15　2022 年北方主要煤炭装船港一次下水量**

资料来源：作者根据相关资料整理。

如图 14 所示，2022 年在国内煤炭供给充足的情况下，北方四港煤炭一次下水量总体保持稳定增长态势，但呈现内部分化趋势，具体情况如下。

秦皇岛港：河北省提出调整煤炭布局的影响延续，秦皇岛港煤炭一次下水量小幅回落，全年完成 1.70 亿吨，同比下降 2.6%。

唐山港：受益于铁路集港能力充足和河北省内部煤炭下水格局调整，2022 年唐山港煤炭一次下水量为 3.32 亿吨，同比增长 5.3%。

黄骅港：自 2016 年准池铁路投入运营后，煤炭一次下水量持续增长，目前下水能力已基本饱和；2022 年受现货煤价格较高、采购量下滑、黄大线开启直达龙口港铁路通道等因素影响，全年煤炭一次下水量为 2.16 亿吨，同比下降 3.6%。

天津港：受公路集港煤炭禁运政策影响和铁路制约（线路限制无法开行万吨重载列车），自 2017 年以来煤炭一次下水量持续下滑，近年来保持低位波动。2022 年，得益于市场需求回升，煤炭一次下水量为完成 0.75 亿吨，同比增长 12.0%。

（三）煤炭接卸量

2022 年沿海港口煤炭总接卸量为 11.81 亿吨，同比下降 2.1%。

1. 内贸接卸量

2022 年沿海港口煤炭内贸接卸量为 9.29 亿吨，同比增长 2.0%。分区域看，长江三角洲内贸接卸量最高，其次为珠江三角洲，分别完成接卸量 5.48 亿吨、1.28 亿吨；东南沿海煤炭内贸接卸量增速最高，2022 年接卸量为 0.77 亿吨，增速为 10.6%；环渤海、西南沿海内贸接卸量规模基本稳定。

2. 外贸接卸量

2022 年，国际煤炭需求激增、供应偏紧，国内保供稳价作用不断显现，国内外煤价倒挂严重，国内进口煤炭需求低迷，沿海港口煤炭外贸接卸量全年完成 2.52 亿吨，同比下降 14.9%（见图 16）。

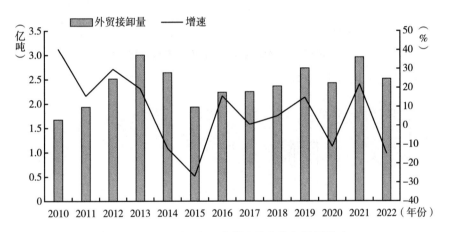

**图 16　2010~2022 年沿海煤炭外贸接卸量及增速**

资料来源：作者根据相关资料整理。

分季度看，2022 年我国沿海港口煤炭外贸接卸量总体呈现"前低后高"的特点。第一、第二季度，受印度尼西亚煤炭出口禁令、地区冲突带来的全球能源紧张等因素影响，沿海港口煤炭外贸接卸量同比分别大幅下降 34.4%、24.0%。第三、第四季度，受下游行业补库存，需求增长的影响，外贸煤炭接卸量分别为 7285 万吨和 7873 万吨，环比有所回升（见图 17）。

分区域看，2022 年沿海主要区域煤炭外贸接卸量均呈现较大幅度下滑态势，其中，环渤海同比下降 15.5%、长江三角洲同比下降 13.7%、东南沿海

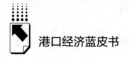

同比下降 14.5%、珠江三角洲下降 17.0%、西南沿海下降 13.6%。2021～2022 年分区域沿海港口煤炭总接卸量见图 18,沿海港口煤炭外贸进港量见图 19。

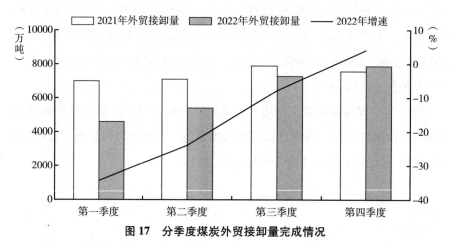

**图 17　分季度煤炭外贸接卸量完成情况**

资料来源:作者根据相关资料整理。

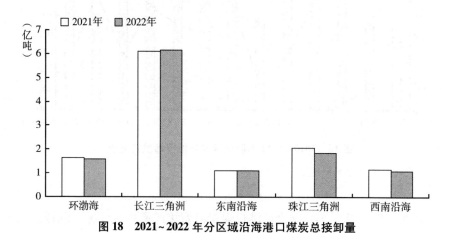

**图 18　2021～2022 年分区域沿海港口煤炭总接卸量**

资料来源:作者根据相关资料整理。

## (四)煤炭水路多式联运

### 1. 煤炭海铁联运情况

长期以来,"三西"煤炭铁路外运通道扩能集中在北通道的大秦线、朔

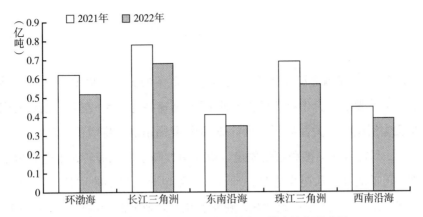

**图19  2021~2022年分区域沿海港口煤炭外贸进港量**

资料来源：作者根据相关资料整理。

黄线，南通道的侯月线，近年来唐呼线投入使用对整体格局有所影响。由于侯月线以直达服务中部省份为主，影响海运的主要是大秦线、朔黄线和唐呼线。2022年主要线路海铁联运情况如下。

大秦线：全年完成煤炭发运量4.0亿吨（同比下降5.8%），到达港口约3.8亿吨（到秦皇岛港约1.7亿吨，到唐山港约2.1亿吨）。

朔黄线：全年完成煤炭发运量约3.2亿吨（同比下降6.7%），到达港口约2.6亿吨（到黄骅港约2.2亿吨，到天津港约0.4亿吨）。

唐呼线：全年完成煤炭发运量约1.2亿吨，同比有所提升，该条线路的煤炭主要运往唐山港。

**2. 煤炭海进江情况**

长江中游皖、赣、湘、鄂四省受消费需求增长、本地煤炭进一步减产和铁路运力饱和等因素影响，2022年煤炭供应缺口进一步扩大。初步估计，2022年上述中部四省煤炭缺口达3.9亿吨，较2021年缺口增加约1700万吨。其中，铁路调入约1.8亿吨（2022年1~11月浩吉铁路完成煤炭运输4862万吨，其中电煤4130万吨）、公路调入约0.7亿吨，全年海进江煤炭净调入规模达1.4亿吨。

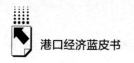

# 三　2023年展望

2023年，我国经济总体将呈现进一步复苏的态势，根据中国社会科学院、国务院发展研究中心等机构预测GDP增速将为5.5%左右。根据宏观经济与我国用电量相关性分析，预计2023年我国用电量将增长4.5%左右，随着光伏、风能等清洁能源落地发电，以及南方降水情况好转，水电发电量将增加，可抵消部分火电发电量，预计火电发电量同比小幅增长1%左右。同时，我国冶金行业产能持续调整，建材和化工行业能源清洁化发展趋势延续，这些行业的煤炭消费强度将继续下降。预计2023年煤炭消费量为42亿吨左右。2023年，全球能源危机仍然存在，欧洲将继续增加煤炭采购量，预计全年煤炭进口量难有明显增长。2023年保供政策仍是煤炭生产的"主旋律"，随着煤炭优质产能的进一步释放，煤炭产量或将维持在44亿吨左右。

总体判断，煤炭海运需求将保持稳定增长，预计2023年沿海港口煤炭海运调入量11.7亿吨，同比增长2.6%。其中煤炭一次下水量9.1亿吨，外贸进口量2.7亿吨，同比分别增长0.7%和8.0%。全年煤炭吞吐量预计24.3亿吨，同比增长1.8%（见图20）。

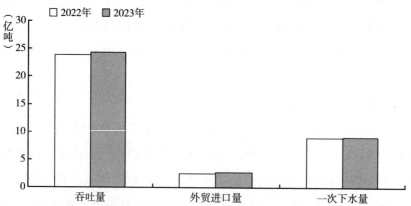

**图20　2022~2023年我国沿海港口煤炭吞吐量、外贸进港量、一次下水量**

资料来源：作者根据相关资料整理。

# B.3
# 2022年沿海港口原油运输回顾与2023年展望

王 蕊 田 佳*

**摘 要:** 2022年，全球原油需求回升，受俄乌冲突影响，全球油价大幅上涨。在国际原油价格大幅上涨及疫情等因素影响下，我国石化行业需求减弱，原油加工量下降，原油进口量下滑，这对我国沿海港口原油总吞吐量和外贸进港量均产生较大影响，部分区域沿海港口原油外贸进港量大幅下降。同时，我国多个大型炼化一体项目加快建设，地方炼油厂产能整合持续推进，石化行业不断优化调整。2023年全球原油供需仍将维持相对均衡的状态，我国原油加工需求将稳步提升，预计我国沿海港口原油运输量将呈现快速增长态势。

**关键词:** 原油运输 国际油价 原油外贸接卸量

## 一 原油市场运行情况

### （一）国际原油市场形势

1. 全球原油供需逐步回升，已接近疫情前水平

2022年，随着全球经济的逐步复苏，全球原油需求继续回升，原油消

---

* 王蕊，交通运输部规划研究院高级工程师；田佳，交通运输部规划研究院水运所副所长。以上作者研究方向均为运输经济和水运规划等。

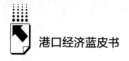

费量为 9950 万桶/日，较 2021 年增长 2.7%。石油输出国组织（OPEC）继续控制原油产量，全球原油供应量略高于需求量。2022 年，全球原油产量为 10020 万桶/日，较 2021 年增长 4.8%。全球原油需求量和供应量均已接近 2019 年水平（见图 1）。

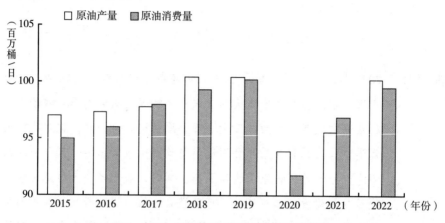

**图 1　2015~2022 年全球原油产量及消费量**

资料来源：克拉克森公司。

**2. 受地区冲突影响，全球油价大幅上涨**

受地区冲突影响，国际油价自 2021 年 12 月的 74.8 美元/桶一度飙升至接近 130 美元/桶。2022 年下半年，受全球多国央行大幅加息以对抗通胀的影响，全球经济承受下行压力，油价在下半年持续降温，12 月已回落至 81.3 美元/桶。从 2022 年全年来看，国际原油均价达到 98.9 美元/桶，较 2021 年上涨 39.7%（见图 2）。

**（二）国内原油市场形势**

**1. 石化行业下游消费需求减弱，原油加工量出现下降**

近年来，国际油价保持高位运行，国内各类石化产品价格大幅上涨，部分消费需求受到抑制。同时，受疫情影响部分地区居民出行率明显降低。2022 年，全国成品油消费量为 3.3 亿吨，同比下降 6.0%，其中汽油和航空

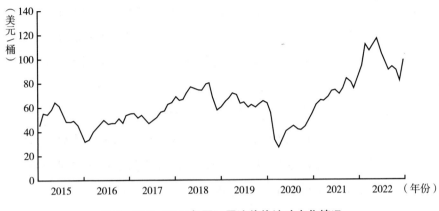

**图2　2015~2022年国际原油价格波动变化情况**

资料来源：Wind数据库。

煤油同比分别下降5.4%和51.1%，柴油同比增长23.2%。在国内化工品和成品油需求受到抑制的情况下，2022年，全国原油加工量累计达到6.8亿吨，同比下降3.9%，增速较上年同期降低了8.3个百分点（见图3）。

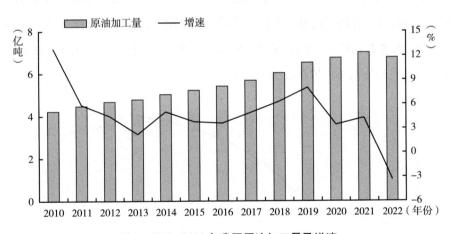

**图3　2010~2022年我国原油加工量及增速**

资料来源：Wind数据库。

### 2.炼化一体项目加快建设，炼油能力进一步提升

2022年，我国多个大型炼化一体项目加快推进，包括盘锦华锦石化二

期、烟台裕龙岛项目、曹妃甸旭阳石化、连云港盛虹石化、宁波镇海炼化二期、福建古雷二期、揭阳南海石化等项目。其中，连云港盛虹石化项目、揭阳南海石化项目已经建成投产，新增产能3600万吨。截至2022年末，我国原油加工能力已达10亿吨左右，超过美国成为全球第一大炼油国。

3. 传统地方炼油厂经营面临诸多挑战，产能整合加速推进

2022年，受疫情影响国内成品油消费需求不振，同时成品油出口配额也从2019年的5536万吨降至3725万吨，国内外成品油销售空间均受到挤压。受国际油价大幅上涨影响，地方炼油厂原油进口成本增长近50%，处于亏损状态，部分炼油厂只能采取停产、减产等方式，经营面临诸多挑战。同时，地方炼油厂产能整合加速推进，我国地方炼油厂最为集中的山东省全年有10家企业退出，整合后地方炼油厂规模达350万吨/年，产业集中度进一步提高。

4. 为保障国内原油供应，国内加大原油生产，原油进口量下降

为保障国内原油供应，我国加大油气勘探开发力度，2022年原油产量重回2亿吨。在需求减弱和国内原油产量增长的共同作用下，我国外贸原油进口量小幅下降，海关数据显示，2022年我国累计进口原油5.1亿吨，同比下降0.9%。2022年，我国原油对外依存度为71.3%，已连续两年出现下降（见图4）。

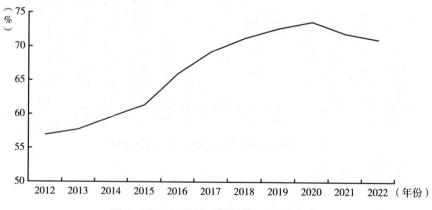

图4　2012~2022年我国原油对外依存度

资料来源：Wind数据库。

5.原油进口保持以海运为主，以管道进口为辅的基本格局

我国外贸进口原油主要来自海运进口、以 2022 年海运原油进口量达到 4.7 亿吨，占进口总量的 92%。陆上进口原油主要通过中俄、中哈和中缅三条管线输送，2022 年通过陆路管道进口原油约 5000 万吨。未来我国原油进口通道将保持以海运为主，以中俄、中哈、中缅陆路管道进口为辅的基本格局。

# 二　沿海原油运输情况

## （一）原油总吞吐量和外贸进港量较上年小幅下降

在国际原油价格大幅上涨的情况下，我国增加了国内原油产量，外贸原油进口量出现下降，导致我国沿海港口原油吞吐量和原油外贸进港量均比上年同期小幅下降。2022 年，我国沿海港口原油吞吐量 6.7 亿吨，同比减少 1.5%，外贸原油进港量 4.7 亿吨，同比下降 6.0%（见图 5）。其中，原油外贸接卸量在沿海港口原油吞吐量中的比重略有下降，达到 69.7%，较 2021 年下降 3.6 个百分点。

从各季度增长情况看，2022 年原油吞吐量总体呈现先下降后回升的趋势，受国际油价影响较为明显（见图 6）。

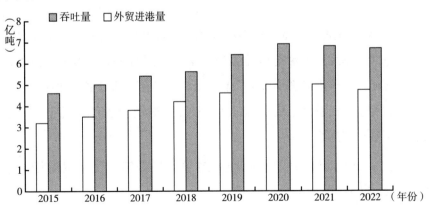

**图 5　2015～2022 年我国沿海港口原油吞吐量及原油外贸进港量**

资料来源：作者根据相关资料整理。

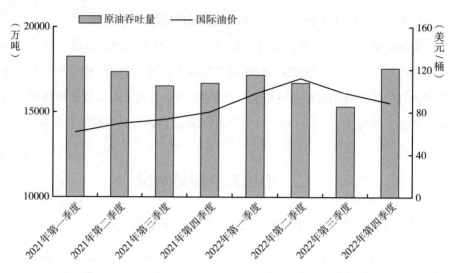

**图6 2021～2022年我国沿海港口原油吞吐量及国际油价**

资料来源：作者根据相关资料整理。

（二）与产业布局相契合，原油外贸进港格局呈现"北重南轻"的特点，环渤海地区占比过半

沿海港口原油进港量地域分布不均衡的特点突出，环渤海地区占比为54.6%。其中，辽宁沿海占比为11.0%，津冀沿海占比为8.1%，山东沿海占比为35.5%。长三角占比为21.8%，东南沿海占比为5.7%，珠三角占比为7.3%，西南沿海占比为10.1%。原油外贸进港格局与炼化产业布局基本一致，东北、华北和鲁豫地区的原油产量占全国的54%。山东沿海占比较大，一方面是由于山东省炼油能力较强，"十三五"期以来原油加工需求快速提升；另一方面是由于山东沿海港口不仅服务本区域石化企业，还通过日仪管线服务长江沿线地区。

（三）受腹地炼油厂原油加工需求变化的影响，辽宁沿海和山东沿海港口原油外贸进港量大幅下降

辽宁和山东是我国地方炼油企业分布最为集中的两个省份，在国际原油价格大幅上涨、国内需求不振、成品油出口配额减少等因素的影响下，港口服务

的地炼企业经营效益下滑，炼油厂选择停产或减产，辽宁沿海和山东沿海部分港口原油外贸进港量下降幅度较大，2022年，辽宁沿海和山东沿海港口外贸原油进口量分别下降12.7%和8.9%，其中营口港、锦州港、青岛港和烟台港等重点港口分别下降19.0%、10.8%、5.0%和12.1%。

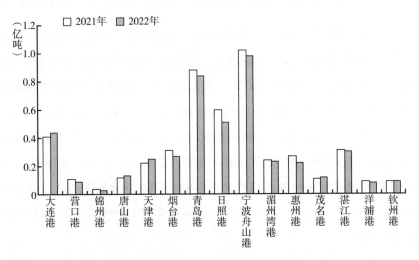

**图7　沿海重点港口原油外贸进港量**

资料来源：作者根据相关资料整理。

## 三　2023年展望

### （一）世界原油供需偏紧局面将有所改善，国际原油价格将有所下降

2023年全球经济将延续2022年的增长放缓趋势，呈现温和衰退，全球通货膨胀率有望下降，但仍将高于国际金融危机前的水平，受全球经济增速下滑、地缘政治冲突等因素影响，世界贸易前景不容乐观，2023年全球原油需求有望小幅增长。供给方面，石油输出国组织及其盟友将继续减少原油的产量，受俄罗斯受制裁影响原油供应有减量的风险，美国原油产

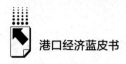

量增长依然缓慢，因此2023年全球原油供应增长有限。综合来看，2023年全球原油供需仍将维持相对均衡的状态，预计全年油价与2022年相比将有所下降。

### （二）我国原油加工需求稳步提升，将带动原油加工量快速增长

2023年在我国疫情防控政策调整后，居民出行、旅游等活动将逐渐恢复，预计汽油消费量将保持小幅增长，煤油消费量将实现恢复性增长。随着我国经济加快恢复，工农业生产以及交通运输需要的柴油消费量也将保持增长态势。总体来看，2023年我国成品油消费量将实现较快增长。同时，建筑、纺织、汽车、家电等产业的快速发展将带动我国化工品消费量继续增长。2023年既有新增产能投产，又有落后产能淘汰，其中，镇海炼化1100万吨/年常减压装置预计在年内投产。另外，需要持续推进200万吨及以下的炼油装置的淘汰工作。预计2023年我国原油加工量将达到7.2亿吨左右，同比增长6.5%。

### （三）我国原油产量保持稳定，原油需求增量将主要通过海运满足

预计2023年我国原油产量将保持在2亿吨左右，继续支撑国内石化产业的发展。2022年，为平抑国际油价上涨，我国降低了部分原油库存，预计2023年在国际油价进入下降区间后，我国很可能需要补充部分原油库存。在国内石化产业进口原油需求增加的基础上，叠加补充库存的需求，预计2023年我国原油进口量将达到5.5亿吨，同比增长3.8%。未来我国原油进口通道将保持以海运为主、以管道为辅的基本格局，原油进口增量将主要通过海运解决。

### （四）沿海港口原油运输量将呈现快速增长态势，水水中转比例进一步下降

综合考虑国内原油需求、原油供给、运输组织方式等影响因素，预计2023年沿海港口原油外贸进港量将达到5.0亿吨左右，同比增长6.8%；沿

海港口原油吞吐量为 7.0 亿吨左右，同比增长 4.2%（见图 8）。随着各区域海管联运体系的不断完善，未来沿海港口原油运输水水中转比例将不断下降，预计 2023 年一次原油外贸进港量占比将升至 71.4% 左右。

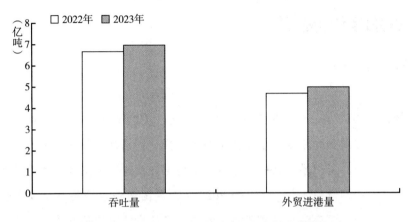

**图 8  2023 年沿海原油吞吐量及原油外贸进港量预测**

# B.4
# 2022年沿海港口铁矿石运输回顾与2023年展望

李宜军  沈益华*

**摘　要：** 2022年，受新冠疫情、俄乌冲突、美联储加息等因素影响，全球及我国钢铁产量总体呈下降态势。在钢铁行业整体不振的背景下，沿海港口铁矿石总吞吐量仍保持低速增长态势，铁矿石外贸接卸量基本稳定。展望2023年，我国钢铁生产将呈现恢复性增长，沿海港口铁矿石吞吐量总体将呈现低速增长态势。

**关键词：** 钢铁生产　沿海港口　铁矿石运输

## 一　钢铁市场运行情况

### （一）世界钢铁市场运行情况

2022年世界粗钢产量约18.8亿吨，同比下降4.2%，受新冠疫情、俄乌冲突、美联储加息导致世界经济衰退等因素影响，世界钢铁生产与需求总体呈下降态势。近年来，世界粗钢产量受疫情影响在19亿吨上下波动，2022年世界粗钢产量与2019年相比下降0.5%。

2020年中国粗钢产量达到10.6亿吨的高点后，中国粗钢产量已连续两

---

* 李宜军，交通运输部规划研究院主任工程师；沈益华，交通运输部规划研究院水运所总工程师。以上作者研究方向为运输经济和水运规划等。

年下降，2022年中国粗钢产量10.1亿吨。下降的主要原因是2022年疫情带来内需不振，俄乌冲突导致相互制裁、通胀高企，外需疲软，因此中国钢铁产量低速下降。2022年，中国粗钢产量占世界产量的54.6%，占比提高1.6个百分点，中国粗钢产量占世界的比重再创新高。

2022年除印度、伊朗外，世界主要钢铁生产国粗钢产量都呈下降态势（见图1）。印度由于人均产量较低，基础设施落后，经济处于较快发展阶段，因此钢铁产量近年来持续快速增长；2015年以来印度粗钢产量年均增速大约为4.8%，在世界主要钢铁生产国中增速最快。世界其他主要钢铁生产国如日本、美国、俄罗斯、韩国、德国、土耳其、巴西均出现大于5%的下降速度，疫情、地缘政治冲突、制裁、加息均是重要影响因素。

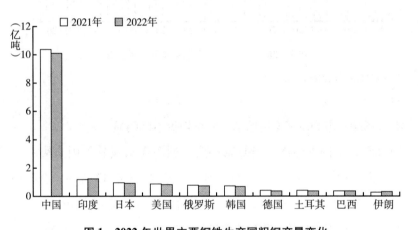

**图1　2022年世界主要钢铁生产国粗钢产量变化**

资料来源：Wind数据库。

## （二）我国钢铁市场运行情况

### 1.2022年粗钢、生铁产量继2021年后再次双下降

2022年，我国粗钢、生铁产量分别为10.1亿吨、8.6亿吨，同比分别下降2.1%、0.8%，降幅分别比2021年收窄0.7个、3.5个百分点。自2000年以来，我国钢铁产量首次出现连续两年下降的情况。

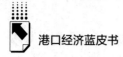
2022 年 4 月，国家发改委、工信部等要求继续开展全国粗钢产量压减工作，引导钢铁企业摒弃以量取胜的粗放型发展方式，促进钢铁行业高质量发展。

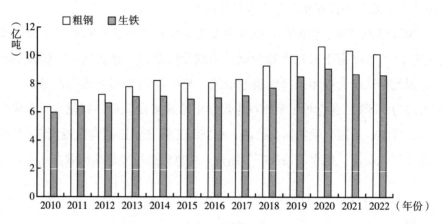

**图 2　2010~2022 年我国粗钢及生铁产量**

资料来源：国家统计局。

### 2. 市场端：市场震荡幅度收窄，钢材均价下降明显

2022 年，受国外经济环境复杂多变、国内需求疲软等因素影响，国内钢材市场钢材价格呈现震荡下行的局面。截至 2022 年 12 月底，全国钢材综合价格指数为 4337 元，较 2021 年同期下降 719 元，跌幅为 19.9%。

### 3. 供给端：需求疲软，粗钢产量同比继续下降

2022 年，由于下游需求疲软，钢材价格震荡下行，钢厂利润明显减少甚至出现亏损，钢厂生产积极性下降，钢铁产量呈现回落态势。2022 年，全国粗钢产量约为 10.1 亿吨，同比下降 2.1%；生铁产量为 8.6 亿吨，同比下降 0.8%，均呈现下降态势。

### 4. 进出口：钢材出口小幅增长，进口大幅回落

2022 年，在地区冲突及其引发的地缘政治格局演变影响下，俄罗斯、乌克兰、欧盟和欧洲其他国家的钢铁生产持续受到较大影响。中国钢铁出口供应链稳定，在价格上具有一定的优势，海外订单指数阶段性好转，使钢材

出口保持韧性。海关统计数据显示，2022 年中国钢材出口 6732 万吨，同比增长 0.9%；钢材进口 1057 万吨，同比下降 25.9%（见图3）。

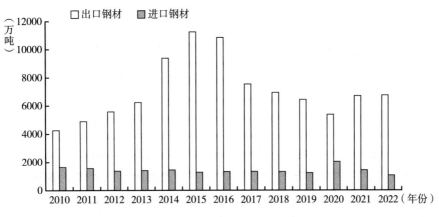

**图3  2010~2022 年我国钢材进出口情况**

资料来源：海关总署。

**5. 需求端：国内需求有所减少，粗钢表观消费量继续下降**

2022 年，国内房地产投资明显下滑拖累用钢需求，钢铁产量呈现下滑态势，国内粗钢表观消费量为 9.67 亿吨，同比下降 2.4%。

**6. 钢铁产业继续向南方地区转移**

2022 年，华南地区生铁产量同比增长 5.9%，比全国平均增速高 6.7 个百分点。长江沿线地区生铁产量同比下降 0.1%，增速比全国平均增速高 0.7 个百分点；环渤海地区生铁产量同比下降 1.9%，增速比全国平均增速低 1.1 个百分点，这反映了钢铁产业持续向南方地区转移的趋势。主要是因为南方地区是我国主要的钢材消费地区，而北方地区是我国钢铁生产的主要地区，"北钢南运"增加了成本，因此，近年来南方地区钢铁企业不断提高产能，产量增速明显高于全国和北方地区。

**7. 铁矿石进口量继续下降，国产铁矿石略有下降**

2022 年，海关统计我国进口铁矿石 11.07 亿吨，同比下降 1.5%。2022 年，我国生铁产量下降 0.8%，带动总需求下降，考虑废钢应用量的增长，铁矿石进口量有所下降。在美国加息、国际经济衰退的大背景下，国际矿石贸易价格有所下降。2022 年，中国进口铁矿石总价值下降 29.7%，单价为 114 美元/吨，同比下降 30.0%。

2022 年，国产铁矿石大约 9.7 亿吨，同比下降 1.0%。2022 年 1 月，中国钢铁工业协会提出"基石计划"。"基石计划"是将海外矿、国内矿和废钢 3 个方面的单项工作整合为一个面向中长期的资源保障整体解决方案，通过进一步明确量化目标和实施主体，用 2~3 个"五年计划"的时间，切实改变我国钢铁资源构成，扩大包括国产铁矿和废钢回收利用在内的自有钢铁资源供应比例，进一步加强海外钢铁资源供应链合作和投资合作，从根本上解决钢铁产业链的短板问题，真正建成有资源保障基础支撑的钢铁强国。从长远看，"基石计划"将增加国产矿供应，加强海外铁矿资源供应保障。2022 年 11 月，中国最大的单体地下铁矿山——鞍钢西鞍山铁矿项目开工仪式在辽宁鞍山举行。该矿保有资源储量为 13 亿吨，设计年产铁精矿千万吨级，计划于 2027 年投产。该项目的开工对加快推进"基石计划"，增强我国战略矿产资源供应保障能力，维护产业链、供应链安全具有重要意义。

## 二 沿海港口铁矿石运输情况

### （一）铁矿石总吞吐量

#### 1.沿海港口铁矿石吞吐量构成

沿海港口铁矿石吞吐量主要由外贸进港量、中转量、内贸接卸量构成。

·外贸进港量，主要来自巴西和澳大利亚等国家，主要流向环渤海和长江三角洲地区。

·中转量，系指沿海部分港口将其所接卸的铁矿石再装船而形成的内贸出口量，也称"二次"下水量。这部分转运铁矿石既有外贸进口矿，也包括国内矿。

·内贸接卸量，即沿海港口完成的铁矿石内贸进口吞吐量。主要包括两部分吞吐量：一是因接卸国产铁矿石一次下水量而产生的吞吐量；二是因接卸周边港口周转量而形成的吞吐量。

2022年沿海铁矿石总吞吐量及外贸进口量完成情况参见图4。

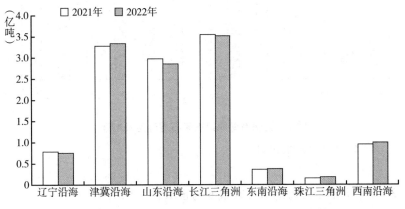

**图4 沿海港口铁矿石总吞吐量及外贸进口量完成情况**

资料来源：作者根据相关资料整理。

### 2. 沿海铁矿石总吞吐量

2022年，我国沿海港口铁矿石总吞吐量达到19.0亿吨。其中，外贸进口矿石接卸量12.0亿吨，占总吞吐量的63.2%。2010~2022年来沿海港口铁矿石吞吐量完成情况参见图5。

水水内贸中转量大约2.5亿吨，占总吞吐量的13.2%，沿海港口各区域供需格局趋于平衡，水水中转量比2021年增长大约0.2亿吨，主要是因为近年来沿海主要铁矿石接卸港开展混配矿业务，以及贸易矿增多。目前中转吞吐量主要集中在宁波舟山港、青岛港、日照港、烟台港、连云港港、湛江港、福州港等港口。铁矿石内贸接卸量大约2.2亿吨，占沿海港口铁矿石吞吐量的11.6%，较2021年提高0.5个百分点。

分季度来看，各季度吞吐量的绝对值相差不大，但因2021年基数不同，增速差别较大。由于2021年上半年沿海港口铁矿石吞吐量较高，因此2022年上半年沿海港口吞吐量呈低速下降态势；由于2021年下半年基数较低，

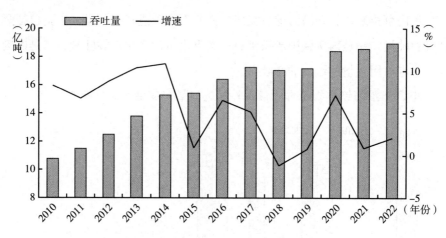

**图5 我国沿海港口铁矿石吞吐量及增速**

资料来源：作者根据相关资料整理。

因此2022年下半年沿海港口吞吐量变为正增长（见图6）。

另外，2022年上半年沿海港口吞吐量增速较低还有一个重要原因是库存消耗，上半年沿海港口库存下降2800万吨，下半年沿海港口库存增长587万吨。

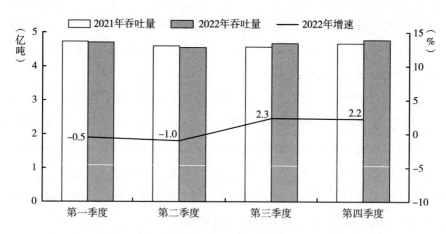

**图6 2021～2022年我国沿海港口分季度铁矿石吞吐量及增速**

资料来源：作者根据相关资料整理。

### 3. 分区域沿海港口铁矿石吞吐量

从各区域沿海港口 2022 年铁矿石吞吐量完成情况看，环渤海地区沿海港口铁矿石吞吐量与上年基本持平，微增 0.1%；长江三角洲地区、西南沿海港口铁矿矿石吞吐量同比分别增长 3.4%、3.3%，保持低速增长；东南沿海、珠江三角洲地区沿海港口铁矿石吞吐量同比分别增长 7.9%、29.6%，增速较快。总体来看，北方地区沿海港口铁矿石的吞吐量较为稳定，南方地区增速较快。

## （二）铁矿石外贸进港量

### 1. 沿海港口铁矿石外贸进港量为12.0亿吨，同比下降0.1%

2022 年，我国沿海港口铁矿石外贸进港量为 12.0 亿吨，同比下降 0.1%（见图 7）。进口矿石下降的主要原因是 2022 年房地产投资低位运行等致使用钢需求减少，钢铁产量总体呈下降趋势。

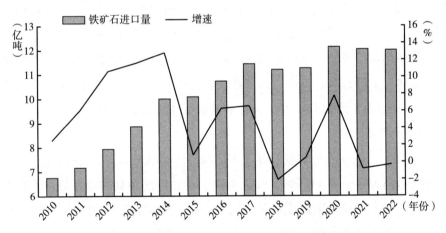

**图 7　2010～2022 年沿海港口铁矿石外贸进港量及增速**

资料来源：作者根据相关资料整理。

### 2. 分区域看铁矿石外贸进港量

分区域看铁矿石外贸进港量，南方区域总体呈增长态势，北方区域呈下降态势，与钢铁产业向南方转移的趋势基本一致，2022 年沿海港口铁矿石吞吐量、铁矿石进港量见图 8。

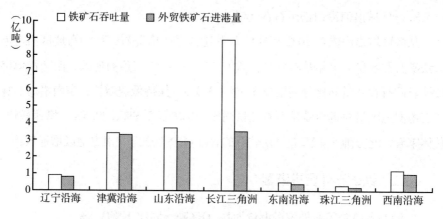

**图8 2022年沿海港口铁矿石吞吐量、铁矿石外贸进港量**

资料来源：作者根据相关资料整理。

（1）辽宁沿海

2022年，铁矿石外贸进港量7517万吨，同比下降4.3%。下降原因是腹地东北三省生铁产量与2021年基本持平，国产矿略有增长，大连港的混配矿外贸出口受青岛、烟台分流影响有所下降，因此辽宁沿海铁矿石外贸接卸量总体呈下降态势。其中，丹东港铁矿石外贸接卸量下降4.0%，营口港铁矿石外贸接卸量微增0.3%，大连港铁矿石外贸进港量下降4.4%。

（2）津冀沿海

2022年，铁矿石外贸接卸量3.3亿吨，同比增长2.3%，主要是因为上年津冀沿海大幅下降11.6%，2022年铁矿石外贸接卸量的增长只是下降大趋势的一个小反弹。津冀沿海铁矿石外贸接卸量的高峰是2016年的3.72亿吨，此后总体呈现波动下降趋势。这与河北、天津钢铁产业总体压减产量，我国钢铁产业"北钢南移"的产业布局调整一致。

其中唐山港、黄骅港铁矿石外贸接卸量同比分别增长5.9%、3.1%，天津港同比下降6.4%。2022年12月黄骅港沧州矿石公司矿石码头一期（续建）工程2个新建泊位顺利通过对外开放验收会，该项目建设的2个20万吨级泊位（水工结构按靠泊25万吨船舶设计建设）设计年通过能力为2000万吨，正式投入生产后黄骅港铁矿石外贸进港量将继续增长。

（3）山东沿海

2022年，山东沿海港口铁矿石外贸进港量为2.9亿吨，同比下降4.3%。近年来，山东沿海尤其是日照港临港钢铁工业迅速发展，青岛港、日照港、烟台港先后纳入40万吨级码头布局规划，烟台港、青岛港都在开展混配矿运输，因此山东沿海港口铁矿石外贸进港量总体呈增长态势，2021年达到3.0亿吨的高点。近年来，青岛港、日照港都在进行港区功能调整，青岛港铁矿石接卸从前湾港区向董家口港区转移，日照港铁矿石接卸从日照港区东作业区向南作业区转移。港区功能的调整将提高港口的集疏运能力、缓解港城矛盾，对于港口长远发展是非常重要的。

（4）长江三角洲

2022年，长江三角洲地区铁矿石外贸进港量为3.5亿吨，同比微降0.3%。宁波中宅二期30万吨级矿石码头于2022年3月试运营，9月正式投产。该项目的正式投产大幅提高了宁波舟山港码头的接卸能力。2022年，宁波舟山港铁矿石外贸进港量为1.5亿吨，同比增长3.6%。江苏沿江八港铁矿石外贸进港量合计1.3亿吨，同比下降5.0%，这是自2010年以来沿江港口铁矿石外贸总进港量首次出现下降。镇江港因环保原因停产整改2个多月，造成铁矿石外贸进港量下降28.9%。江苏沿江港口面临日趋严格的环保要求，大型专业化减载泊位不足，因此需要通过对原有通用泊位进行升级改造以适应进江船舶大型化发展趋势。

（5）东南沿海

2022年，东南沿海港口铁矿石外贸进港量为3822万吨，同比增长4.8%。福建本地生铁产量同比大幅增长20%以上，带动本地铁矿石需求增长。其中，福州港同比增长3.7%，莆田港同比增长11.9%。

（6）珠江三角洲

2022年，珠江三角洲地区沿海港口铁矿石外贸进港量为1811万吨，同比增长19.6%，其中珠海港同比增长25.0%。

（7）西南沿海

2022年，西南沿海港口铁矿石外贸进港量为1.0亿吨，同比增长

4.2%。其中，湛江港铁矿石外贸进港量为 5052 万吨，同比增长 6.4%；北部湾防城港为 4855 万吨，同比增长 1.7%。2021 年底湛江基地 3 号高炉投产，带动湛江基地矿石需求增长。

分港口的铁矿石外贸进港量及增速变化情况参见图 9。

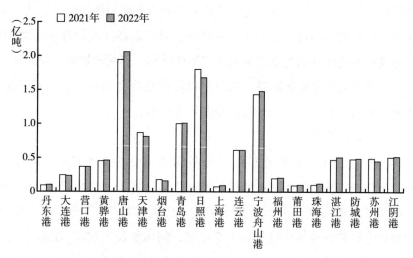

**图 9 2021~2022 年沿海主要港口铁矿石外贸进港量变化**

资料来源：作者根据相关资料整理。

近年来，东南沿海、珠江三角洲、西南沿海铁矿石外贸进港量持续增长，这是我国钢铁产业向南方地区转移的结果。

**3. 沿海主要铁矿石接卸港港口库存量逐渐下降**

截止到 2022 年底，沿海主要铁矿石接卸港港口矿石库存达到 1.32 亿吨，比 2021 年底下降 2554 万吨，同比下降 16.4%（见图 10）。这主要是因为 2022 年钢铁企业效益不好，大幅亏损，钢铁企业进口铁矿石的意愿降低。另外，美联储加息，铁矿石在港口存储的资金成本增加，因此企业需要通过减少库存来降低资金成本（见图 11）。

**4. 铁矿石运输船舶压港现象总体有所缓解**

2022 年，沿海港口铁矿石运输船舶压港现象总体有所缓解（见图 12），全年压港船舶为 978 艘，比 2021 年减少 91 艘，降低 8.5%。上半年，因深

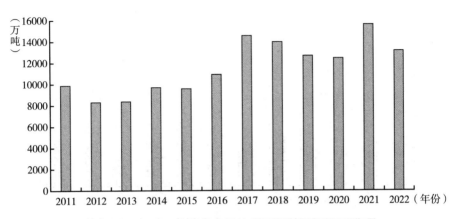

**图10　2011~2022年沿海主要铁矿石接卸港铁矿石库存量**

资料来源：联合金属网。

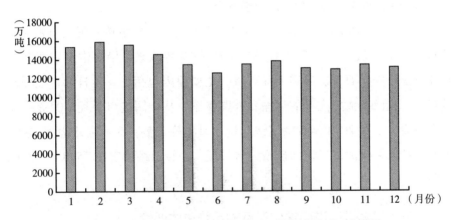

**图11　2022年1~12月沿海主要铁矿石接卸港铁矿石库存量**

资料来源：联合金属网。

圳、上海疫情比较严重，沿海港口压港的铁矿石运输船舶较多、下半年疫情缓解，压港现象亦得到缓解。

压港船舶较多的港口主要有北方地区的营口港、京唐港、曹妃甸港、天津港、青岛港、日照港、连云港等港口，长江沿线地区的北仑港、江阴港等港口，南方地区基本没有压港现象了。预计2023年压港船舶数量将继续减少。

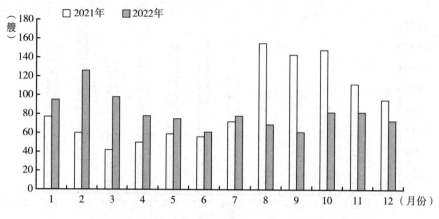

**图 12　2021～2022 年沿海主要铁矿石接卸港待泊船舶数量**

资料来源：联合金属网。

#### 5. 外贸混配矿中转出口首次出现下降

2022 年，沿海港口主要铁矿石接卸港通过混配矿中转外贸出口铁矿石 2234 万吨，中转量同比下降 12.8%。自 2017 年以来，沿海港口混配矿中转外贸出口铁矿石首次出现下降现象，主要原因包括，一是日韩市场需求量有限，且已有成熟完善的运输和采购体系，从中国进口混配矿只是一个补充手段；二是 2022 年日韩钢铁产量均呈下降态势，矿石需求总量减少。因此预计未来沿海港口混配矿增速将减缓，中转量将稳定在 2500 万～3000 万吨。

### （三）沿海港口进口铁矿石运输系统总体评价

2022 年，沿海港口铁矿石运输船舶压港现象有所缓解，总体运输格局继续优化，保障了钢铁产业的持续稳定发展，也促进了港口自身的发展。南方地区（东南沿海、珠江三角洲和西南沿海）铁矿石外贸进港量在整个沿海港口铁矿石运输系统中占比持续提高，从 2015 年的 8.8% 提高到 2022 年的 12.9%，适应了钢铁产业从北向南转移的发展趋势；烟台港、湄洲湾港通过发展混配矿业务，提高了矿石泊位利用率；12.5 米深水航道上延到南京，使减载进江船舶靠泊港从原来的上海罗泾、苏州太仓、南通三港延伸至江阴港、镇江港等，上海罗泾和南通狼山矿石码头退出中转市场，江内减载接卸矿石码头布局发生变化。

目前，沿海港口铁矿石运输系统仍然存在一些问题。一是伴随钢铁产业向南方地区转移，南方部分港口码头接卸能力不足，如广西防城港的临港钢铁企业大型码头接卸能力仍有待提升；二是减载进江系统布局港口发生变化，部分港口退出，需要通过规划布局明确布局大型减载接卸码头的港口，提高已有泊位等级和专业化、环保水平，适应船舶大型化发展趋势和日趋严格的环保政策要求；三是沿海港口主要铁矿石接卸码头总体储备能力不足，2022年底沿海主要铁矿石接卸港铁矿石实际堆存量为1.3亿吨，最大堆存量为2.4亿吨，即使考虑钢厂库存，在突发意外时也只能保障大约2个月的供应，明显低于原油行业国内90天、国外150天的储备要求，为保障产业链、供应链安全稳定，需要规划建设沿海港口铁矿石储运基地。

# 三　2023年展望

## （一）产业发展预测

2023年钢铁产量或将扭转连续两年下降的态势，保持高位运行态势。钢铁产业应注重转型升级、提高技术含量与企业效益，走数字化、智能化、环保之路。铁矿石"基石计划"的推进将保障铁矿石的稳定供应。预测2023年我国粗钢产量将同比增长1%、生铁产量同比微增0.5%。预测我国外贸进口铁矿石将同比增长1%，达12.1亿吨（海关口径），主要考虑如下：预计2023年上半年美联储加息到顶，国际大宗商品价格继续下跌，将在低谷维持较长时间，有利于钢铁产业降低成本；我国实行宽松的货币政策，国内基建、地产投资力度加大，带动钢材需求维持高位。以新能源汽车为代表的汽车产业将继续快速发展，汽车出口量继续将迅速增长，带动以汽车板为代表的高端钢材需求继续增长。国产矿产量将因为国际矿石贸易价格的下降和环保约束下降维持在2022年的水平。

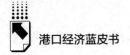

## （二）沿海港口铁矿石吞吐量和外贸进港量预测

预测 2023 年沿海港口铁矿石吞吐量 19.2 亿吨，港口铁矿石外贸进港量 12.1 亿吨的水平（见图 13）。

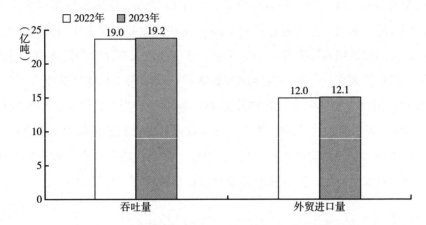

**图 13　2023 年沿海港口铁矿石吞吐量和外贸进港量预测**

# B.5
# 2022年沿海港口集装箱运输回顾与2023年展望

高天航　徐杏　黄川　徐力*

**摘　要：** 2022年，全球经贸形势不容乐观，国内消费市场也受到疫情的影响。但在推动外贸稳大盘、扩优势、增活力的措施下，我国外贸进出口仍实现稳定增长，国内市场也展现出较强的韧性，沿海港口集装箱吞吐量实现稳定增长。其中，全年分季度增速呈现前低后高的增长态势，内支线成集装箱吞吐量增量新亮点，沿海港口航线结构和港口格局继续调整。铁水联运规模持续扩大，高集中度特征明显。2023年沿海港口集装箱增速预计将进一步回落。

**关键词：** 集装箱运输系统　贸易市场　八大干线港　吞吐量预测

## 一　贸易市场运行情况

### （一）我国对外贸易运行情况

2022年，我国对外贸易规模稳定上涨。全年进出口总额累计达6.31万

---

* 高天航，交通运输部规划研究院工程师；徐杏，交通运输部规划研究院高级工程师；黄川，交通运输部规划研究院博士后；徐力，交通运输部规划研究院水运所总工程师。以上作者研究方向均为运输经济和水运规划等。

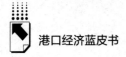

亿美元，同比增长4.4%，但增速较2021年下降近25个百分点。其中，适箱货物贸易额估算在4.7万亿美元左右，同比增长约4.5%。2022年，我国商品贸易呈现如下特点。

**1.外贸进出口同步上涨，但增速明显趋缓**

2021年，在我国生产供给能力率先恢复以及国际市场需求增加的影响下，我国外贸进出口全面增长，全年进出口额均保持在30%左右的高增速。进入2022年，受复杂严峻的国内外形势，以及通胀加息和国际市场萎缩的多重影响，我国仍高效统筹疫情防控和经济社会发展，有效推动外贸稳大盘、扩优势、增活力措施，我国外贸进出口仍实现稳定增长。在2021年较高的外贸进出口基数的基础上，增速明显下降，全年进出口同比分别增长7.0%和1.1%，对外贸易整体增速达4.4%。

**2.外贸结构相对稳定，东盟仍然是我国第一大贸易伙伴**

从地区结构来看，东盟仍然是我国第一大贸易伙伴，全年进出口总额达9753亿美元，同比增速为11.2%；其次为欧盟、美国、韩国和日本，进出口总额分别为8473亿美元、7594亿美元、3623亿美元和3574亿美元，同比增速分别为2.4%、0.6%、0.1%和-3.7%。从进出口商品结构来看，汽车及其零部件、轻工产品和农产品增速较高。

---

**专栏　对外贸易重点适箱货商品简析**

在电子信息产品中，2022年计算机、手机、音视频设备和电子元件及上述产品的零部件出口额同比分别增长-7.5%、-2.5%、-7.0%和6.0%。从出口量上看，手机和家用电器分别下降13.8%和13.0%，2022年电子信息产品市场总体呈现萎缩的态势。2022年，汽车及其零部件出口依然保持了高速增长，其中汽车（包括底盘）出口额同比增长74.7%，出口量同比增长56.8%。其中，电动载人汽车出口额和出口量

---

分别实现了122.2%和92.1%的大幅增长。在轻工产品中，塑料制品，橡胶轮胎，箱包及类似容器，服装及衣着附件，纺织纱线、织物及其制品，陶瓷产品和玩具的出口额同样实现不同程度的增长，同比增速分别为9.3%、12.6%、28.2%、3.2%、2.0%、6.4%和5.6%，仅家具及其零件出口额同比下降了5.3%（见图1）。

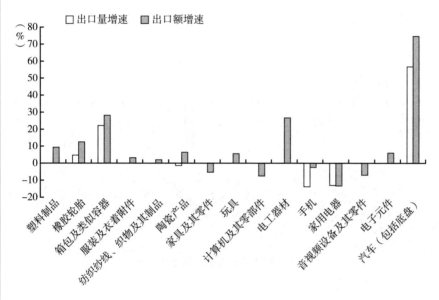

**图1　2022年重点出口适箱货情况**

资料来源：海关总署。

注：出口量是指与出口物品相关的数量，如件数、吨数等；出口额是指出口金额。进口同理。

2022年，在重点进口适箱货中，进口消费品、工业和电子产品进口金额多呈下降态势。在消费品中，仅农产品进口额呈现增长态势，同比增速达7%。医药材及药品和美容化妆品及洗护用品进口额同比分别下降4.3%和10.2%，但医药材及药品的进口量反而同比增长28.8%。在轻工产品中，初级形状的塑料和纸浆、纸及其制品仍然为主要的进口产品，前者进口额下降8.2%，后者提升1.5%，同时在进口量上分别下降

10.0%和8.4%。在机电产品中，通用机械设备、计算机及其零部件、半导体制造设备、电工器材、电子元件、集成电路、汽车零配件的进口额均有不同程度下降，降幅分别为 7.6%、15.2%、15.2%、10.3%、4.6%、3.9%和16.9%（见图2）。

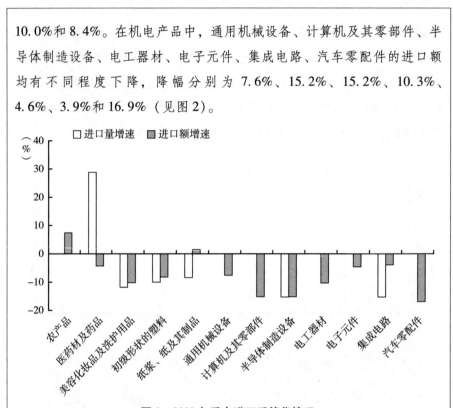

**图2 2022年重点进口适箱货情况**

资料来源：海关总署。

## （二）我国消费市场运行情况

2022年，受国内疫情多点散发的影响，社会消费品零售总额全年增速波动明显，4月同比下降11.1%。但总体来看，国内消费市场仍展现出较强的韧性，全年社会消费品零售总额累计达到44.0万亿元，同比下降0.2%。其中，除汽车以外的消费品零售额为39.4万亿元，同比下降0.4%。

按消费类型分，商品零售额为39.6亿元，同比增长0.5%；餐饮收入为4.4万亿元，同比下降6.3%。全国网上零售额为13.8万亿元，同比增长

4.0%。其中，实物商品网上零售额为 12.0 万亿元，同比增长 6.2%，占社会消费品零售总额的比重为 27.3%。在实物商品网上零售额中，吃类、穿类、用类商品同比分别增长 16.1%、3.5%、5.7%。

## （三）我国外贸集装箱生成量情况

### 1. 外贸集装箱生成量

2022 年我国外贸集装箱生成量约 1.3 亿 TEU，较上年增长 4.8%（见图 3）。

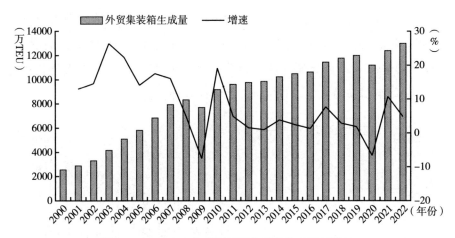

**图 3  2000~2022 年我国外贸集装箱生成量及增速**

资料来源：交通运输部规划研究院。

按运输方式来看，经港口运输的外贸集装箱量为 1.23 亿 TEU，占我国外贸集装箱生成量的 95% 左右。经陆路口岸进出香港口岸及其他边境口岸的外贸集装箱运输量总体呈现下降态势。而以中欧班列为主的铁路跨境班列运量依然保持 10% 以上的增长速度，全年完成外贸集装箱运输量 160 万 TEU。

### 2. 内贸集装箱生成量

2022 年，疫情对内贸水路集装箱运输需求产生了不利影响，内贸集装箱生成量并未延续 2021 年的增长态势，但在"散改集"和运输结构调整等

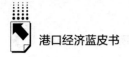

工作的推进下，全年内贸水路集装箱运输需求总体保持稳定，2022 年我国内贸集装箱生成量达 3700 万 TEU，与 2021 年相比仅小幅下降。

## 二 沿海港口集装箱运行情况

### （一）集装箱运输总体情况

#### 1. 总吞吐量情况

在 2021 年集装箱运输需求激增后，2022 年海外商品消费需求整体下降，积压库存需逐步消耗，集装箱运输市场在经历了一年多的火爆后渐渐趋于平静。2022 年，我国沿海港口集装箱吞吐量为 2.77 亿 TEU，同比增长 4.7%，增速较 2021 年下降 2.3 个百分点（见图 4）。在全球十大集装箱港口中，我国港口包揽 7 席。其中，上海港继续保持首位。

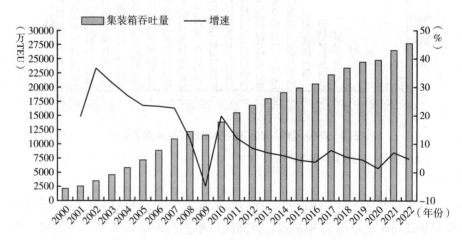

**图 4　2000～2022 年我国沿海港口集装箱吞吐量及增速**

资料来源：交通运输部。

按季度来看，2022 年各季度沿海港口集装箱吞吐量相对稳定，增速缓慢提升（见图 5）。产生上述变化的主要原因：一是上半年受疫情等多重因素影响，集装箱港口生产运行遭遇困难，效率有所下降，上海港、深圳港等受到一定影响，同时，内贸市场的遇冷也直接体现在内贸集装箱吞吐量相对稳定上；二是为满足高峰期出口需求大量流出的集装箱空箱在下半年持续回流，沿海港口集装箱吞吐量空箱率有所下降，沿海港口集装箱吞吐量增速略有提升。

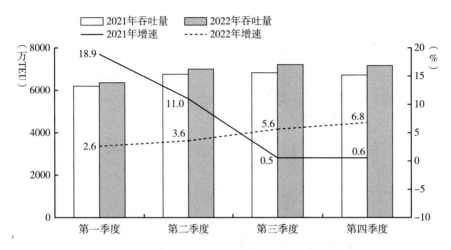

**图5 2021~2022年我国沿海港口分季度集装箱吞吐量及增速**

资料来源：交通运输部。

## 2.分航线情况

沿海港口集装箱吞吐量增长动能有所变化，国际航线成为最主要的动力，内支线贡献增量大幅提升，而内贸航线增量下降明显。2022年，国际航线、内支线和内贸航线集装箱吞吐量分别完成1.42亿TEU、2515万TEU和1.10亿TEU，同比分别增长5.1%、10.0%和3.1%。从集装箱吞吐量增量构成来看，国际航线增量达到690万TEU，国际航线增量贡献率为55.4%，仍然是支撑总吞吐量增长的关键动力；内支线增量达228万TEU，贡献率为18.3%；而内贸线航线增量和增量贡献率则为自"十二五"以来的最低值，增量仅为328万TEU，增量贡献率仅为26.3%（见图6）。

2022年，国际航线、内支线和内贸航线集装箱吞吐量占总吞吐量的比重分别为51.2%、9.1%和39.7%。与上年相比，国际航线和内支线占比分别提升0.2个百分点和0.5个百分点，内贸航线占比下降0.7个百分点。

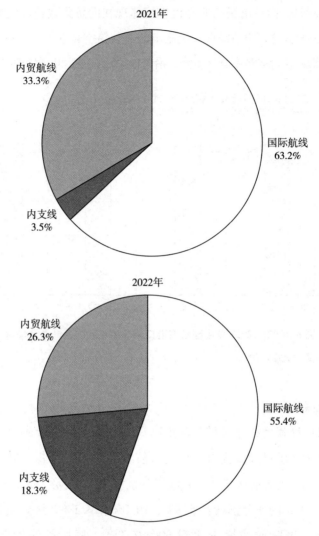

**图6 2021~2022年沿海港口集装箱吞吐量增量构成情况**

资料来源：作者根据相关资料整理。

### 3. 分区域情况

2022年，辽宁沿海、津冀沿海、山东沿海、长三角、东南沿海、珠三角和西南沿海港口分别完成集装箱吞吐量1195万TEU、2600万TEU、3757万TEU、10799万TEU、1800万TEU、6336万TEU和1247万TEU，同比分别增长 5.3%、3.7%、9.0%、4.9%、3.1%、0.8%和15.9%。其中，长三角地区沿海港口集装箱吞吐量净增 508 万 TEU，贡献率为 40.8%，依然为贡献最大的区域；津冀沿海、山东沿海和西南沿海地区分别增长 93 万 TEU、311 万 TEU 和 171 万 TEU，贡献率分别为 7.5%、25.0%和13.7%；辽宁沿海、东南沿海和珠三角地区分别增长 60 万 TEU、54 万 TEU 和 48 万 TEU，贡献率分别为 4.8%、4.3%和3.9%（见图7）。

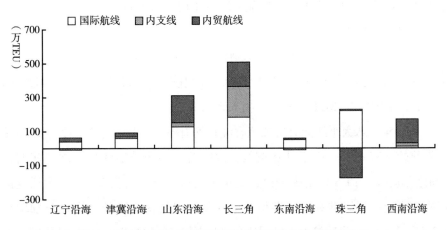

**图 7 2022 年分区域沿海港口集装箱吞吐量增量构成情况**

资料来源：作者根据相关资料整理。

主要区域的增长构成情况如下。

辽宁沿海：国际航线增长明显，内支线降幅较大，内贸航线小幅下降。

津冀沿海：内外贸共同增长，区域增量以国际航线为主、以内贸航线为辅，内支线由于基数较小实现了倍增。

山东沿海：内外贸共同增长，区域增量以内贸航线为主、以国际航线为辅，内支线增速较高。

长三角：内外贸共同增长，国际航线、内支线和内贸航线增量差距不大。

东南沿海：区域增量以国际航线为主、以内贸航线为辅，内支线小幅下降。

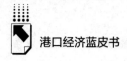

珠三角：国际航线增长明显，内支线基本保持稳定，但内贸航线降幅较大。

西南沿海：内贸航线为主要增长点，继续保持较高增速，内支线实现加倍增长，国际航线增量最低。

2022年，辽宁沿海、津冀沿海、山东沿海、长三角、东南沿海、珠三角和西南沿海港口集装箱吞吐量占总吞吐量的比重分别为4.3%、9.4%、13.5%、38.9%、6.5%、22.8%和4.5%。其中，山东沿海、长三角和西南沿海占比均有不同程度上升，其他区域占比均小幅下降。

**4. 八大干线港口情况**

总体来看，八大干线港口的集中度基本保持稳定。2022年，八大干线港口完成集装箱吞吐量1.99亿TEU，同比增长4.3%，占总吞吐量的71.7%，集中度与2021年相比小幅下降0.2个百分点。

2022年，八大干线港口集装箱吞吐量均有不同程度的增长。大连港扭转了先前的下降态势，由于基数较低，国际航线和内贸航线均实现快速增长（同比分别增长15.8%和53.4%），全年集装箱吞吐量增长21.5%，为增速最高的干线港；天津港和青岛港得益于国际航线的快速增长（同比分别增长6.7%和8.3%），集装箱吞吐量同比分别增长3.7%和8.3%；受疫情影响，上海港仅内支线实现增长（同比增速为17.6%），集装箱吞吐量同比增长0.6%；宁波舟山港集装箱吞吐量同比增长7.3%；厦门港内贸航线有所下降（同比降幅为1.8%），但国际航线的增长仍带动集装箱总吞吐量的增长，同比增速为3.2%；深圳港全年内支线和内贸航线下降明显（同比分别下降12.0%和15.1%），国际航线维持8.0%的同比增速，集装箱吞吐量增长4.4%；广州港内贸航线也有小幅下降（下降0.3%），但在国际航线和内支线增长（同比分别增长2.0%和13.3%）的带动下，集装箱总吞吐量增长1.7%（见图8）。

**5. 百万TEU以上港口情况**

百万TEU以上的港口是沿海港口集装箱增量的主要来源。2022年，集装箱吞吐量达到百万TEU以上的港口达30个，名单与2021年没有变化。百万TEU以上的港口集装箱吞吐量合计2.70亿TEU，比上年增长1267万TEU。

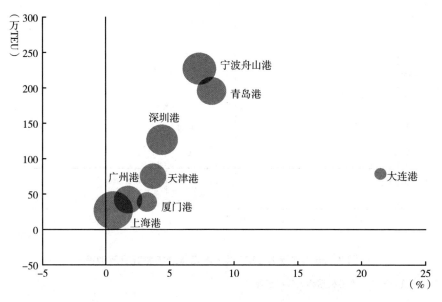

**图8  2022年八大干线港口集装箱吞吐量增量及增速**

资料来源：交通运输部。

由于2022年部分中小型港口吞吐量有所下滑，故相对2021年百万TEU以上港口集中度略有提升，百万TEU以上港口完成集装箱吞吐量占沿海港口总量的97.6%，较上年小幅提升0.6个百分点。除八大干线港外的其他百万TEU以上港口中，洋浦港与嘉兴港两港增速较为突出，分别为34.1%和28.4%（见图9）。

6. 铁水联运情况

港口集装箱铁水联运量保持快速增长。2022年，全国沿海港口集装箱铁水联运量为847万TEU，较上年同期增长15.8%；其中，大连港、营口港、唐山港、天津港、青岛港、上海港、连云港港、宁波舟山港、深圳港、广州港和广西北部湾港11个主要铁水联运港口完成集装箱吞吐量800万TEU，同比增长14.2%。其中，青岛港的铁水联运规模最大，达190万TEU（见图10），同比增长3.8%；营口港铁水联运比例达17.3%，为沿海港口中占比最高的港口，较上年提升1.2个百分点。

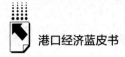
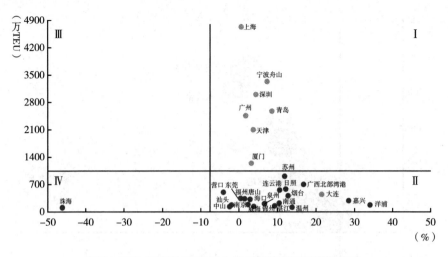

**图9　2022年百万TEU以上港口集装箱吞吐量及增速**

资料来源：作者根据相关资料整理。

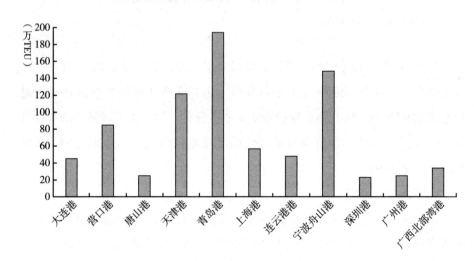

**图10　2022年我国主要港口集装箱铁水联运量**

资料来源：作者根据相关资料整理。

## （二）内贸航线吞吐量情况

2022年，内贸航线共完成集装箱吞吐量11028万TEU，同比增长3.1%，净增328万TEU。

### 1.区域发展不平衡

2022年，全国各区域沿海港口内贸航线集装箱吞吐量增速差异较大。其中，珠三角地区因广州港、深圳港等港口内贸航线集装箱吞吐量减少，集装箱吞吐量下降幅度最大，同比降幅达7.3%；辽宁沿海、津冀沿海和东南沿海小幅上涨，同比分别上涨3.0%、1.5%和1.3%；长三角地区沿海港口内贸航线集装箱吞吐量保持稳定上涨态势，同比增长5.4%；山东沿海在青岛港、烟台港、威海港、日照港的内贸航线整体上涨的带动下，其内贸航线集装箱吞吐量增长同比9.9%；西南沿海内贸航线集装箱吞吐量则因北部湾港内贸航线集装箱吞吐量的大幅上涨实现同比15.2%的增幅（见图11）。从运输规模看，内贸航线集装箱运输依旧主要集中在长三角和珠三角两大地区，其中长三角规模明显大于珠三角，且津冀沿海和山东沿海的规模与珠三角的规模的差距在缩小，上述四个区域集装箱运输量占比达76%，与上一年相比占比下降1个百分点。

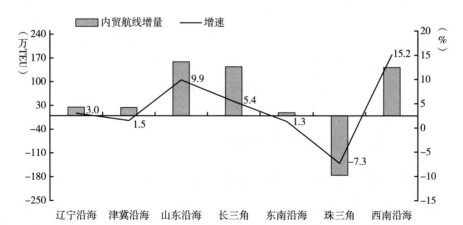

**图11  2022年我国分区域沿海港口内贸航线集装箱吞吐量增量及增速**

资料来源：作者根据相关资料整理。

### 2. 百万 TEU 以上内贸港口情况

2022 年，内贸航线集装箱吞吐量超过 100 万 TEU 的港口有 27 个，与 2021 年相比，总数增加 1 个，其中珠海港跌出名单，而大连港和洋浦港重回百万 TEU 以上内贸港口，黄骅港内贸航线集装箱吞吐量首次突破百万 TEU。27 个港口集装箱吞吐量规模合计 10317 万 TEU，占国内航线总吞吐量的 93.6%，占比较上年提升 2.5 个百分点（见图 12）。

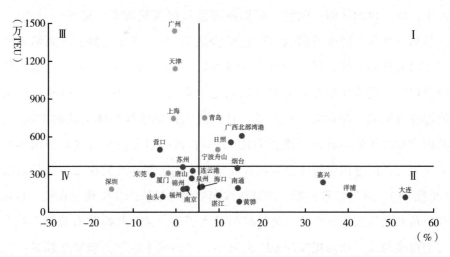

**图 12　2022 年内贸航线百万 TEU 以上港口集装箱吞吐量及增速**

资料来源：作者根据相关资料整理。

## 三　2023年展望

### （一）外贸集装箱运输发展趋势

据国际货币基金组织（IMF）最新预计，2023 年全球经济增速将放缓至 2.7%，经济合作与发展组织（OECD）认为 2023 年全球经济增速可能只有 2.2%。而据世界贸易组织（WTO）报告，2023 年全球商品贸易量或将只增长 1.0%，远低于此前预测的 3.4%，这将加剧全球经济衰退的风险。

其中，作为我国主要的贸易伙伴，欧美等主要经济体经济增长前景黯淡，预计2023年海外需求总量较难增长，叠加欧美通胀仍处高位，美联储持续加息，以及全球范围内产业链、供应链加速调整等不利因素，预计2023年我国外贸增长将面临更大压力。初步判断，2023年外贸集装箱生成量增速将为0%~3%，规模为1.30亿~1.33亿TEU。

### （二）内贸集装箱运输发展趋势

2023年，预计疫情对国内消费市场的影响将逐步减弱，国内经济将呈现恢复增长态势，内贸集装箱需求端将有所改善。外贸市场需求大幅下滑将导致部分运力回流至内贸集装箱运输市场。"散改集"的持续推进和多式联运的助力也将促进内贸集装箱运输的发展。综上所述，初步判断2023年内贸集装箱生成量将保持平稳增长态势。

### （三）集装箱吞吐量预测

预计2023年沿海港口集装箱吞吐量将达到2.87亿TEU，同比增速为3.5%（见表1）。

**表1 2022~2023年我国沿海港口集装箱吞吐量及增速**

单位：万TEU，%

| 航线 | 2022年 | | 2023年预测 | |
| --- | --- | --- | --- | --- |
| | 实际值 | 同比增速 | 预测值 | 同比增速 |
| 沿海港口 | 27736 | 4.7 | 28700 | 3.5 |
| 国际航线 | 14193 | 5.1 | 14500 | 2.2 |
| 内支线 | 2515 | 10.0 | 2650 | 5.4 |
| 国内航线 | 11028 | 3.1 | 11550 | 4.7 |

资料来源：交通运输部规划研究院预测。

# B.6
# 2022年沿海港口LNG运输回顾
# 与2023年展望

吴宏宇　毕珊珊　沈益华*

**摘　要：** 2022年，俄乌冲突导致全球能源市场剧烈波动，全球LNG贸易格局大幅调整，国际LNG价格和LNG运费暴涨，持续冲击国内天然气供应市场。着眼全球和国内天然气市场运行情况，本报告分析了全球天然气的供需情况、LNG海运贸易规模及贸易格局、国际天然气价格波动情况；从国内天然气消费、国内天然气生产、国内天然气进口等3个方面分析了2022年中国天然气市场运行的总体特点。聚焦LNG港口运输情况，研究沿海港口在我国天然气供应体系中发挥的重要作用，并深入分析2022年我国沿海港口分季度、分区域、分主体的LNG接卸特征。结合对国际形势和国内宏观经济发展趋势的研判，预测了2023年国内天然气消费规模和港口LNG接卸规模，对提前部署2023年沿海港口LNG接卸相关工作和做好LNG这一重要物资的保通保畅保供工作具有重要意义。

**关键词：** 天然气供需现状　LNG港口接卸　港口运输

---

* 吴宏宇，交通运输部规划研究院工程师；毕珊珊，交通运输部规划研究院高级工程师；沈益华，交通运输部规划研究院水运所总工程师。以上作者研究方向为运输经济和水运规划等。

# 一　天然气市场运行情况

## （一）国际天然气市场发展形势

### 1. 全球天然气供需两弱，2022年天然气供需再次下滑

2022年受全球经济疲软、地区冲突以及天然气价格大幅攀升等因素影响，全球天然气消费量约为4.07万亿立方米，同比下滑0.8%，是继2020年后又一次出现全球天然气消费萎缩的情况。天然气消费端的疲弱同步传导至供给端，2022年全球天然气产量约为4.09万亿立方米，同比下滑0.5%。天然气供给规模比消费规模高200亿立方米（见图1）。

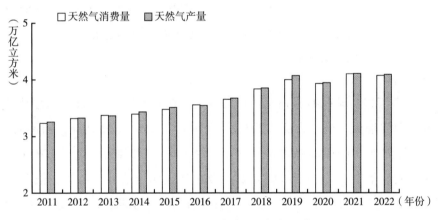

**图1　2011~2022年全球天然气供需情况**

资料来源：BP、克拉克森公司。

### 2. 全球 LNG 海运贸易规模持续增长，欧洲进口规模大幅增长

在地区冲突持续升级的背景下，俄罗斯向欧盟输送管道气规模波动剧烈且输气规模大幅下滑。2022年，俄罗斯对非独联体国家出口天然气下滑45.5%，推动欧盟进口 LNG 规模大幅增长和全球 LNG 海运贸易规模持续攀升。2022年，全球 LNG 海运贸易量达3.98亿吨，同比增长

4.6%；LNG 在全球天然气供应体系中的地位进一步提升，2022 年海运全球贸易规模占全球天然气消费规模的 13.2%，较 2021 年提升 0.5 个百分点（见图 2）。

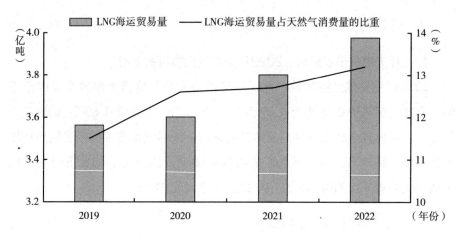

图 2　2019~2022 年全球 LNG 海运贸易规模及占比

资料来源：克拉克森公司。

2022 年，全球 LNG 的海运进口增量集中在欧洲地区，出口增量主要集中在大西洋地区。进口方面，2022 年欧洲进口 LNG 1.20 亿吨，同比增长50%；亚洲进口 LNG 2.58 亿吨，同比下滑 6.0%；其他地区进口 LNG 0.19亿吨，同比下滑 23.4%。出口方面，2022 年大西洋地区（美国、俄罗斯、尼日利亚等）出口 LNG 1.52 亿吨，同比增长 8%；亚洲/太平洋地区（澳大利亚、马来西亚和印度尼西亚等）出口 LNG 1.47 亿吨，同比增长 2%；中东地区出口 LNG 0.95 亿吨，同比增长 2%；其他地区出口 LNG 0.15 亿吨（见图 3）。

3. 受国际天然气生产能力、液化能力、管输能力和 LNG 船舶运力等因素影响，国际天然气价格和 LNG 船舶租金暴涨

2022 年，NYMEX 天然气期货收盘价达到 6.55 美元/百万英热单位，较2021 年增长 75.7%，较 2020 年增长 207.6%，并在 2022 年 6 月和 8 月两次突破 9.0 美元/百万英热单位，创近 13 年来新高；中东 LNG 离岸价达到

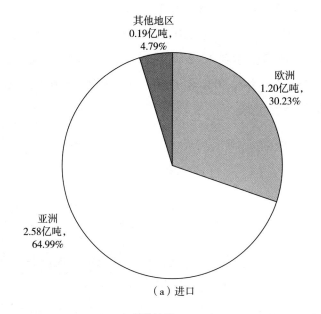

（a）进口

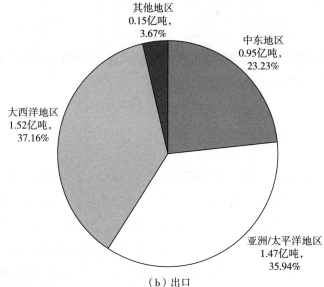

（b）出口

**图 3　全球 LNG 海运贸易格局**

资料来源：克拉克森公司。

31.05 美元/百万英热单位，较 2021 年增长 81.6%，较 2020 年增长
763.6%，并在 2022 年 3 月一度突破 84.05 美元/百万英热单位（见图 4）；
LNG 运输船舶即期运价达到 13.2 万美元/天，较 2021 年增长 47.5%，较
2020 年增长 121.9%，并在 2022 年 11 月一度突破 44.8 万美元/天，创 2010
年以来船舶即期运价新高。

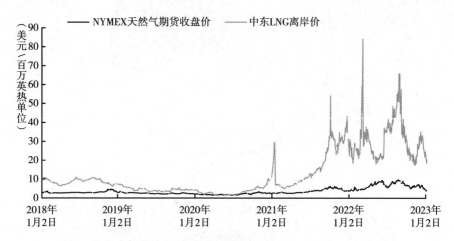

**图 4　2018~2023 年 NYMEX 天然气期货收盘价和中东 LNG 离岸价**

资料来源：NYMEX 和金联创。

### （二）国内天然气市场发展形势

**1. 天然气表观消费量不足 3700 亿立方米，较 2021 年小幅下滑**

2022 年，受国际天然气价格和 LNG 现货价格高企、疫情和国内煤炭供
应宽松等因素影响，我国天然气消费市场低迷。2022 年，天然气表观消费
量为 3663 亿立方米，同比下滑 1.7%（见图 5），这是我国天然气表观消费
量自 1992 年以来首次出现下滑。我国仍为全球第三大天然气消费国，占全
球天然气总消费量的比重达 9.1%，较 2021 年下降 0.3 个百分点。

**2. 持续推动天然气增储上产，国内天然气产量再创新高**

得益于国内各油气田积极释放天然气优质产能，国内天然气产量呈现持
续快速增长态势。2022 年，我国天然气产量达到 2178 亿立方米，同比增长

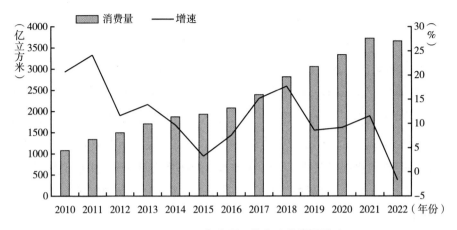

**图5　2010~2022年中国天然气消费量及增速**

资料来源：国家统计局、国家发改委。

4.9%（见图6），净增量超100亿立方米，产量再创新高，成为仅次于美国、俄罗斯和伊朗的全球第四大天然气生产国。国产天然气分布仍以陆上常规天然气为主、以海上气源为补充，总体呈现"西多东少、北多南少"的分布格局。

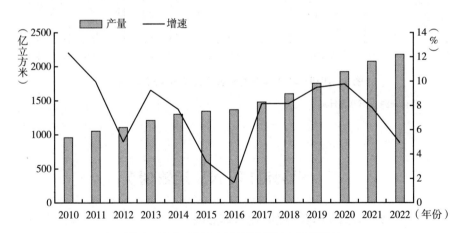

**图6　2010~2022年中国天然气产量及增速**

资料来源：国家统计局、国家能源局。

### 3. 天然气进口量小幅下滑，对外依存度有所回落

受国内天然气消费不振和国际LNG现货价格暴涨的影响，国内LNG现货进口量大幅度下降，全年天然气进口规模出现萎缩。2022年，我国进口天然气1519亿立方米，同比下降9.9%；天然气对外依存度为41.5%，较2021年回落3.8个百分点（见图7）。管道气进口规模方面，2022年进口管道气637亿立方米，同比增长约8.0%。管道气进口来源方面，初步预测2022年中亚通道进口气约432亿立方米，同比下滑9.1%；中俄通道进口气约165亿立方米，同比增长117%；中缅通道进口气约40亿立方米，与2021年基本持平。

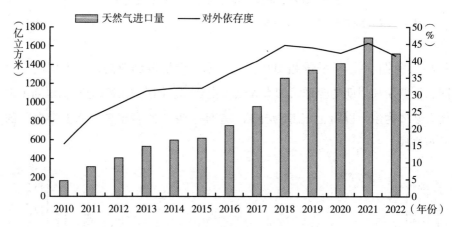

**图7 2010~2022年中国天然气进口量及对外依存度**

资料来源：国家统计局。

## 二 沿海港口LNG运输情况

### （一）外贸进口LNG接卸量大幅回落

受国内天然气消费需求不旺、国内自产气和进口管道气规模增长较快等因素影响，2022年我国沿海港口外贸进口LNG规模大幅回落。2022年，我国沿海港口外贸进口LNG接卸量为6344万吨，同比下滑19.6%（见图8）。

日本外贸进口 LNG 接卸规模基本稳定，居全球第一，2022 年我国作为全球 LNG 第二大进口国，进口规模约比日本低 700 万吨。

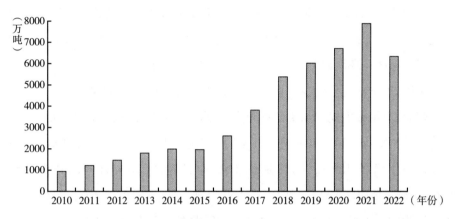

**图8　2010~2022 年我国沿海港口外贸进口 LNG 接卸量**

资料来源：交通运输部规划研究院整理。

分季度看，2022 年我国沿海港口外贸进口 LNG 接卸量总体呈现"低开低走、年中加速下跌"的特点。2022 年各季度外贸进口 LNG 接卸量均为负增长，第一季度至第四季度沿海港口外贸进口 LNG 接卸量同比分别下降 10.7%、27.8%、20.9%和13.6%（见图9）。

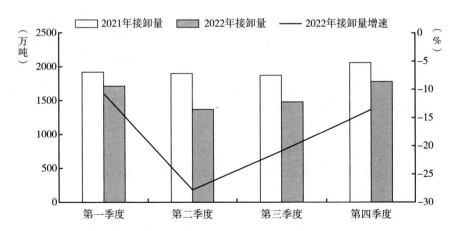

**图9　2021~2022 年我国沿海港口分季度外贸进口 LNG 接卸量**

资料来源：交通运输部规划研究院整理。

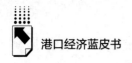

### （二）LNG 接卸格局基本稳定，仅海南地区 LNG 接卸量实现增长

2022 年，我国沿海港口外贸进口 LNG 接卸仍呈"三足鼎立"态势，两广地区、环渤海地区和长三角地区仍是我国 LNG 接卸的核心区域。2022 年，两广地区、环渤海地区和长三角地区的 LNG 接卸占比分别为 34.2%、29.9% 和 29.3%，合计占我国沿海港口 LNG 接卸总量的 93.4%，上述区域占比较 2021 年分别提升 4.8 个百分点、下降 4.0 个百分点和下降 0.8 个百分点。具体来看，2022 年仅海南 LNG 接卸量实现增长，LNG 接卸量为 128 万吨，同比增长 1.6%；两广地区 LNG 接卸量为 2167 万吨，同比下滑 5.2%；长三角地区 LNG 接卸量为 1859 万吨，同比下滑 20.6%；福建 LNG 接卸量为 291 万吨，同比下滑 26.0%；环渤海地区 LNG 接卸量为 1899 万吨，同比下滑 28.0%（见表1）。

表 1　2015~2022 年我国沿海港口分区域外贸进口 LNG 接卸情况

单位：万吨，%

| 区域 | 2015 年 | 2017 年 | 2021 年 | 2022 年 | 2022 年同比增速 |
|---|---|---|---|---|---|
| 全国 | 2019 | 3825 | 7781 | 6344 | -18.5 |
| 环渤海 | 508 | 1271 | 2635 | 1899 | -28.0 |
| 长三角 | 567 | 1155 | 2340 | 1859 | -20.6 |
| 福建 | 323 | 416 | 393 | 291 | -26.0 |
| 两广 | 597 | 927 | 2287 | 2167 | -5.2 |
| 海南 | 24 | 56 | 126 | 128 | 1.6 |

资料来源：交通运输部规划研究院整理。

### （三）LNG 接卸主体呈现"四主多元"格局，各类主体 LNG 接卸规模均有所回落

2022 年，国内新投产运营 LNG 接收站 1 座，为中海油盐城滨海 LNG 接收站；浙江嘉兴（平湖）LNG 应急调峰储运站项目完成了首船接卸；沿海

LNG 接卸主体仍呈现"四主多元"格局,与 2021 年基本一致。2022 年,国家管网、中石油、中石化、中海油和其他主体外贸进口 LNG 接卸量分别为 1466 万吨、1129 万吨、1116 万吨、1904 万吨和 728 万吨,LNG 接卸规模分别较 2021 年下滑 22.4%、11.1%、18.8%、12.7% 和 36.7%(见图 10)。

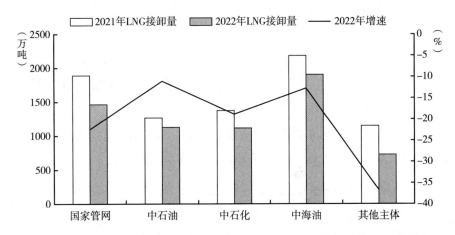

**图 10  2021~2022 年我国沿海港口分主体外贸进口 LNG 接卸量及 2022 年增速**

资料来源:交通运输部规划研究院整理。

# 三  2023年展望

## (一)预计2023年全球天然气供需小幅回升

2023 年,全球天然气产供储销体系面临的最大不确定性仍来自地区冲突。一方面,欧洲推动能源消费结构调整和天然气供应结构多元化、俄罗斯持续加大对亚洲天然气消费市场的开发,全球 LNG 贸易格局加速重构。虽然地区冲突短期内看不到缓和趋势且存在进一步升级的可能性,但其对全球天然气市场的冲击将有所缓和。另一方面,在全球经济低速增长的预期下,中国和新兴市场主体的经济仍将呈现较快增长态势,亚太地区天然气消费需求将推动全球天然气消费小幅增长。

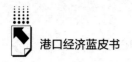
### （二）全球 LNG 产运销系统能力仍显不足，预计天然气价格仍将保持高位运行

2023 年，预计全球天然气液化能力与 2022 年基本持平，约为 4.9 亿吨/年；预计全球 LNG 运输船舶为 755 艘，总舱容量为 1.14 亿立方米，同比增长 5.6%；预计全球 LNG 港口接卸能力将达到 10.6 亿吨/年，同比增长 7.1%；全球新增天然气液化设施不足将制约 LNG 供应的增长。此外，IEA 数据显示，欧盟天然气供应短期内仍存在缺口，2023 年可能面临约 270 亿立方米的天然气缺口。欧盟从全球市场抢购天然气将推动天然气价格维持高位，但考虑全球主要能源消费国能源政策调整、主要消费市场天然气价格承受能力等因素，国际天然气价格较 2022 年将有所回落。

### （三）国内天然气消费重回上升通道，预计天然气消费规模为 3850亿~3900亿立方米

在疫情防控措施持续优化的背景下，国内经济将加速复苏，经济增速预计将明显提升，带动全社会能源消费规模、天然气消费规模稳步回升。具体来看，能源清洁化背景下，工业用气需求将小幅上涨；新投产气电装机容量拉动一定增量需求，发电用气规模将持续攀升；北方采暖需求的释放将推动城镇天然气需求进一步提升；交通用气和化工原料用气基本稳定。结合对我国能源消费总量、煤炭供需形势的判断，预测 2023 年我国天然气表观消费量将达到 3850 亿~3900 亿立方米，同比增长 4.3%~5.7%。

### （四）国内天然气供应能力将进一步增强，沿海港口 LNG 接卸规模有望达到6800万~7200万吨

2023 年，我国将推动天然气增产增供。国产气方面，将保持鄂尔多斯、四川、塔里木三大盆地及海域天然气稳产增产，加快非常规天然气的开采，促进天然气增产 60 亿立方米以上，天然气产量有望达到 2230 亿立方米左右，同比增长 2.8% 左右。进口管道气方面，随着中俄天然气东线全线贯

通，我国陆上天然气三大进口通道全面形成，陆上进口通道运输总能力达1050亿立方米/年。俄罗斯能源出口将加速"东移"，中俄东线将带动我国进口管道气规模进一步攀升，2023年我国进口管道气规模有望达到720亿立方米，同比增长4.6%左右。进口 LNG 方面，2023年我国有望投产10个 LNG 接收站，新增接卸能力约4500万吨/年。考虑我国天然气出口规模基本稳定，预计2023年我国 LNG 进口规模为6800万~7200万吨，与2021年7893万吨的接卸量相比仍有一定差距（见表2）。

表2　2022~2023年我国沿海港口外贸进口 LNG 接卸情况

单位：万吨，%

| 类别 | 2022年 | | 2023年 | |
|---|---|---|---|---|
| | 接卸量 | 实际增速 | 预测接卸量 | 预测增速 |
| 外贸进口 LNG 接卸量 | 6344 | −19.6 | 6800~7200 | 7.3~13.6 |

# 区域篇
## Regional Section

# B.7
# 2022年辽宁沿海港口经济运行分析
# 与2023年展望

刘长俭　黄川　于汛然　葛彪\*

**摘　要：** 在简要回顾辽宁沿海港口主要腹地经济产业发展的背景下，重点
分析了辽宁沿海港口货物吞吐量和重点货类吞吐量的增长变化特
点，同时分析了2022年货物吞吐量的月度变化特征。在此基础
上，预计2023年辽宁沿海港口货物吞吐量将结束降幅不断扩大
的势头而有所收窄，增速在2022年-6.0%的基础上，实现触底
回升。货物吞吐量规模有望实现与2022年基本持平，其中，集
装箱吞吐量在2022年结束多年的负增长后，有望继续保持小幅
增长，预测增速在3%左右。

**关键词：** 辽宁沿海　港口经济运行　货物吞吐量

---

\* 刘长俭，交通运输部规划研究院运输经济室主任，高级工程师，经济学博士；黄川，交通运
输部规划研究院博士后；于汛然，交通运输部规划研究院工程师；葛彪，交通运输部规划研
究院高级工程师。以上作者研究方向为运输经济和水运规划等。

# 一 辽宁沿海港口主要腹地经济产业运行概述

在疫情等因素的影响下，2022年，东北地区经济增长动力减弱，投资、消费增速出现明显下滑，特别是消费需求出现了负增长。随着国际产业链逐步恢复，全球需求逐步得到满足，区域出口需求下降，进出口额增速出现明显下滑。2022年，辽宁沿海港口主要腹地（指黑龙江、吉林、辽宁三省，下同）完成GDP5.8万亿元，同比增长1.3%，增速比2020年、2021年分别提升0.2个百分点和降低4.8个百分点；固定资产投资额完成3.3万亿元，同比增长0.2%，增速比2020年、2021年分别降低4.9个百分点和7.0个百分点；全社会消费品零售额完成1.9万亿元，同比下降4.1%，2020年、2021年同比增速分别为-8.3%和9.3%；外贸额完成0.22万亿美元，同比增长5.1%，2020年、2021年同比增速分别为-11.0%和29.6%，与2021年相比，2022年外贸额增速大幅下降。

表1　2016~2022年辽宁沿海港口主要腹地主要经济指标增速变化

单位：%

| | 2016年 | 2017年 | 2018年 | 2019年 | 2020年 | 2021年 | 2022年 |
|---|---|---|---|---|---|---|---|
| GDP可比价 | 3.0 | 5.0 | 5.0 | 4.4 | 1.1 | 6.1 | 1.3 |
| 固定资产投资额 | -24.3 | 0.5 | 0.0 | -4.8 | 5.1 | 7.2 | 0.2 |
| 全社会消费品零售额 | 4.9 | 3.3 | 3.9 | 5.6 | -8.3 | 9.3 | -4.1 |
| 外贸额 | -9.8 | 15.3 | 20.3 | -0.8 | -11.0 | 29.6 | 5.1 |

资料来源：作者根据相关数据整理。

受疫情影响，区域经济增长放缓，下游钢材、成品油、用电需求走弱，受供求关系等因素的影响，固定资产投资、消费需求不足，房地产行业投资出现大幅下滑。2022年，辽宁沿海港口主要腹地完成生铁产量0.93亿吨，同比增长0.5%，增速比2021年提高3.3个百分点；完成粗钢产量0.98亿吨，同比下降2.3%，增速比2021年下降1.1个百分点；完成原油加工量

1.24 亿吨，同比下降 5.6%，增速比 2021 年下降 7.4 个百分点，原油产量 0.44 亿吨，与 2021 年基本持平；发电量 0.42 万亿千瓦，同比下降 4.9%，增速比 2021 年下降 9.4 个百分点，其中，火力发电量 0.29 万亿千瓦，同比下降 6.9%，增速比 2021 年下降 6.3 个百分点；房地产行业投资 0.40 万亿元，同比下降 25.5%，与 2021 年相比增速大幅下降。

表2　辽宁沿海区域港口主要腹地典型产业指标增速变化

单位：%

| | 2016 年 | 2017 年 | 2018 年 | 2019 年 | 2020 年 | 2021 年 | 2022 年 |
|---|---|---|---|---|---|---|---|
| 生铁产量 | -2.8 | 3.3 | 9.7 | 8.8 | 6.6 | -2.8 | 0.5 |
| 粗钢产量 | -4.3 | 8.3 | 13.0 | 8.6 | 5.3 | -1.2 | -2.3 |
| 原油加工量 | 8.8 | 0.5 | 8.0 | 17.7 | 4.0 | 1.8 | -5.6 |
| 发电量 | 5.2 | 3.1 | 8.6 | 7.3 | 3.9 | 4.5 | -4.9 |
| 火力发电量 | 3.6 | 2.2 | 5.2 | 3.6 | 2.1 | -0.6 | -6.9 |
| 房地产行业投资额 | -27.4 | 1.0 | 17.5 | 8.2 | 6.2 | -0.8 | -25.5 |

资料来源：作者根据相关数据整理。

## 二　辽宁沿海区域港口吞吐量变化特征

在区域经济增长明显放缓、重点产业产品产量下降等因素影响下，区域港口吞吐量增长动力明显减弱，吞吐量呈现明显下降趋势。2022 年，辽宁沿海区域港口完成货物吞吐量 7.4 亿吨，与 2021 年的 7.9 亿吨相比，下降 0.5 亿吨；受腹地经济、统计口径调整等因素影响，2017 年以来，辽宁沿海港口货物吞吐量持续下降（见图 1）。从增速变化看，区域港口货物吞吐量增速总体呈现不断下降走势，由 2016 年的 4.1% 降至 2017 年的 2.8%，然后持续负增长，2022 年为 -6.0%，2022 年增速比 2017~2022 年增速均值（-3.9%）低 2.1 个百分点。

从月度变化看，2022 年辽宁沿海区域港口货物吞吐量月度同比增速基本是负值。2022 年上半年，月度增速均值为-6.7%，下半年为-5.1%，下半年降幅比上半年略有收窄（见图2）。从绝对值看，2022 年，区域港口平均每月完成货物吞吐量6171 万吨，比2020 年、2021 年的6834 万吨和6564 万吨分别低663 万吨和393 万吨。

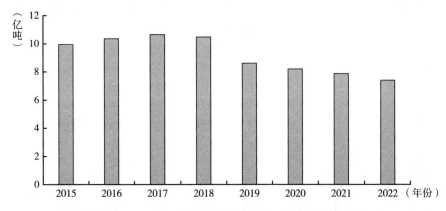

**图1　2015~2022 年辽宁沿海区域港口货物吞吐量变化**

资料来源：交通运输部。

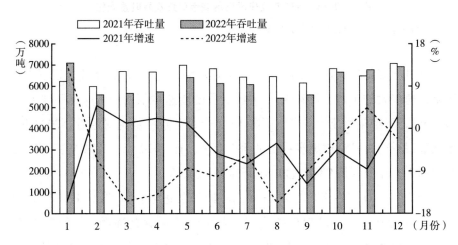

**图2　2021~2022 年辽宁沿海区域港口分月度货物吞吐量及其增速**

资料来源：交通运输部。

2022 年，辽宁沿海区域港口完成煤炭吞吐量 0.70 亿吨，与 2021 年的
0.79 亿吨相比，下降 0.09 亿吨，与 2016 年以来的净增量均值 0.02 亿吨相
比，净增量由正转负（见图 3）。从增速变化看，区域港口煤炭吞吐量同比
增速总体呈现波动变化，2019 年、2020 年同比增速分别为 11.7% 和 32.7%，
2021 年和 2022 年分别为 -1.8% 和 -12.2%；2022 年同比增速比 2017~2022
年增速均值（3.8%）下滑 16.0 个百分点。

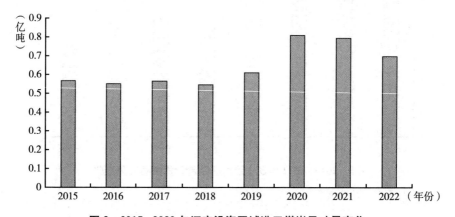

**图 3　2015~2022 年辽宁沿海区域港口煤炭吞吐量变化**

资料来源：作者根据相关资料整理。

从月度变化看，辽宁沿海区域港口煤炭吞吐量月度同比增速呈现下半年
降幅迅速扩大的走势。2022 年上半年，月度增速均值为 -0.6%，下半年为
-20.3%，下半年增速比上半年下降 19.7 个百分点。从绝对值看，2022 年，
区域港口平均每月完成煤炭吞吐量 581 万吨，比 2020 年、2021 年的 674 万
吨和 662 万吨分别低 93 万吨和 81 万吨（见图 4）。

2022 年，辽宁沿海区域港口完成原油外贸进港量 0.53 亿吨，与 2021
年的 0.60 亿吨相比，减少 0.07 亿吨，与 2016 年以来的净增量均值 0.02 亿
吨相比，净增量由正转负（见图 5）。从增速变化看，区域港口原油外贸进
港量同比增速波动较大，2019 年和 2020 年同比增速分别高达 30.4% 和
22.2%，2021 年和 2022 年分别降至 -16.4% 和 -12.7%；2022 年增速与
2017~2022 年增速均值（5.0%）相比，由较快正增长，出现大幅度下降。

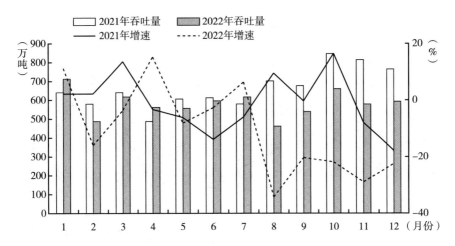

**图4 2021~2022年辽宁沿海区域港口分月度煤炭吞吐量及其增速**

资料来源：作者根据相关资料整理。

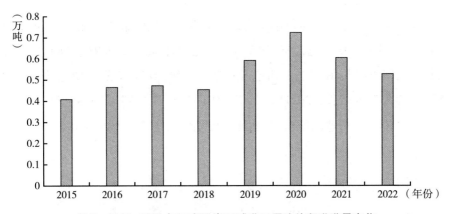

**图5 2015~2022年辽宁沿海区域港口原油外贸进港量变化**

资料来源：作者根据相关资料整理。

从月度变化看，受国际形势、市场需求和价格等因素影响，辽宁沿海区域港口原油外贸进港量月度同比降幅下半年有所收窄。2022年上半年，月度增速均值为-19.1%，下半年为-4.4%，下半年降幅比上半年收窄14.7个百分点。从绝对值看，2022年，区域港口平均每月完成原油外贸进港量440万吨，比2020年、2021年的603万吨、504万吨分别下降163万吨、64万吨（见图6）。

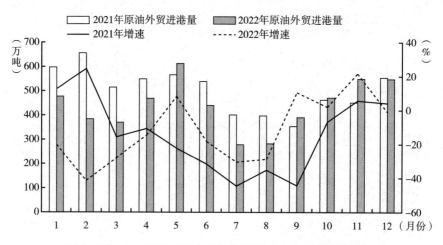

**图6  2021~2022年区域港口分月度原油外贸进港量及其增速**

资料来源：作者根据相关资料整理。

2022年，辽宁沿海区域港口完成铁矿石外贸进港量0.75亿吨，与2021年相比，下降0.03亿吨，与2016年以来的净增量均值0.03亿吨相比，净增长由正转负（见图7）。从增速变化看，区域港口铁矿石外贸进港量同比增速连续两年负增长，2021年、2022年同比增速分别为-3.9%和-4.3%，与2017~2022年增速均值6.3%相比，由较快正增长转为负增长。

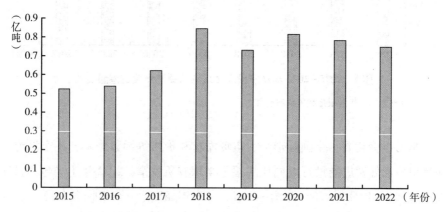

**图7  2015~2022年辽宁沿海区域港口铁矿石外贸进港量变化**

资料来源：作者根据相关资料整理。

从月度变化看，受国内矿供给增加、钢铁需求放缓等因素影响，辽宁沿海区域港口铁矿石外贸进港量月度同比增速呈现上半年小幅度增长、下半年大幅度下降的特征。2022年上半年，月度增速均值为0.9%，下半年为−8.2%，下半年增速比上半年下降9.1个百分点。从绝对值看，2022年，区域港口平均每月完成铁矿石外贸进港量626万吨，比2020年、2021年的681万吨、655万吨分别下降55万吨、29万吨（见图8）。

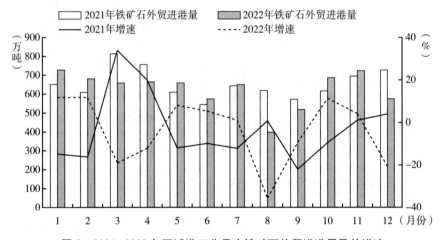

图8　2021~2022年区域港口分月度铁矿石外贸进港量及其增速

资料来源：作者根据相关资料整理。

2022年，辽宁沿海区域港口完成集装箱吞吐量1195万TEU，与2021年的1135万TEU相比，总体呈现触底回升，实现小规模增长，同比净增60万TEU，与2016年以来的净增量均值−87万TEU相比，明显上升。2015~2022年区域港口集装箱吞吐量总体保持先增后减的趋势，从2018年开始，集装箱吞吐量持续下降，2020年、2021年同比增速分别为−22.4%和−13.4%，2022年同比增速为5.3%，高于2017~2022年增速均值（−5.2%）（见图9）。

从月度变化看，辽宁沿海区域港口集装箱吞吐量月度同比增速呈现前低后高的变化特征。2022年上半年，月度增速均值为−8.6%，下半年为19.3%，下半年增速比上半年提高27.9个百分点。从绝对值看，2022年，区域港口平均每月完成集装箱吞吐量 100 万 TEU，比 2020 年、2021 年的 109 万 TEU、95 万 TEU 分别低 9 万 TEU 和高 5 万 TEU（见图 10）。

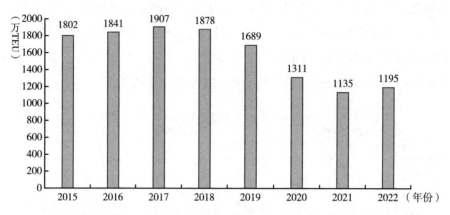

**图 9 2015~2022 年辽宁沿海区域港口集装箱吞吐量变化**

资料来源：交通运输部。

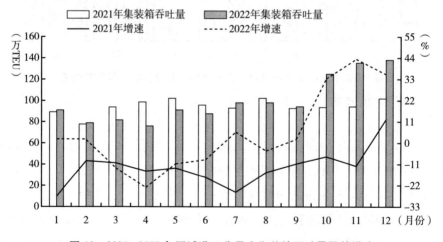

**图 10 2021~2022 年区域港口分月度集装箱吞吐量及其增速**

资料来源：交通运输部。

2022 年，辽宁沿海区域港口完成矿建材料吞吐量 0.51 亿吨，与 2021 年的 0.63 亿吨相比，下降 0.12 亿吨，与 2016 年以来的净增量均值 -0.05 亿吨相比，同比净减少量有所增长（见图 11）。从增速变化看，区域港口矿建材料吞吐量增速波动较大，2020年、2021年同比增速分别为-27.2%和34.6%，2022年同比增速为-19.5%；2022年增速与2017~2022年增速均值-5.6%相比，上下波动明显。

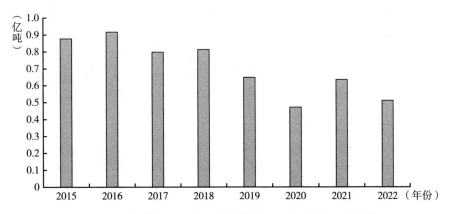

**图11　2015~2022年辽宁沿海区域港口矿建材料吞吐量变化**

资料来源：作者根据相关资料整理。

从月度变化看，辽宁沿海区域港口矿建材料吞吐量月度同比增速呈现前高后低态势。2022年上半年，月度增速均值为30.8%，下半年为-16.8%，下半年增速比上半年下降47.6个百分点。从绝对值看，2022年，区域港口平均每月完成矿建材料吞吐量426万吨，比2020年、2021年的385万吨、529万吨分别高41万吨、低103万吨（见图12）。

## 三　2023年展望

2023年，东北地区经济社会逐步进入正常发展轨道，投资、消费需求预计将逐步恢复，在国际形势复杂多变的背景下，外贸进出口需求存在较大的不确定性。综合预计，2023年东北地区经济将呈现恢复性增长态势，增速将有所回升。其中，固定资产投资增速预计将有所加快，社会消费品零售总额增速将由负转正，进出口额增速将维持2022年的水平。

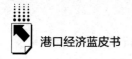
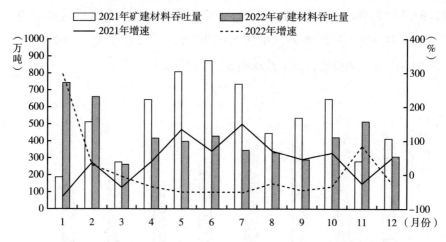

**图12　2021~2022年区域港口分月度矿建材料吞吐量及其增速**

资料来源：作者根据相关资料整理。

　　基于上述宏观形势的判断，预计2023年辽宁沿海港口货物吞吐量降幅将有所收窄，货物吞吐量将与2022年基本持平；其中，集装箱吞吐量在2022年结束多年的负增长后，有望继续保持小幅增长，预测增速在3%左右。

## B.8
# 2022年津冀沿海港口经济运行分析
# 与2023年展望

刘长俭　葛彪　于汛然　周齐齐*

**摘　要：** 在简要回顾津冀沿海港口主要腹地经济产业发展的背景下，重点
分析了津冀沿海港口货物吞吐量和煤炭、原油、铁矿石、集装箱
等重点货类吞吐量的增长变化特点，同时分析了2022年货物吞
吐量和各货类吞吐量的月度变化特征。基于上述分析，综合预计
2023年津冀沿海港口货物吞吐量将继续保持增长态势，增速在
2022年（3.5%）的基础上会基本维持稳定，预计在3%左右；
其中，集装箱吞吐量也将继续保持增长，预计维持在2022年的
增速水平（3.7%左右）。

**关键词：** 津冀沿海港口　经济运行

## 一　津冀沿海港口主要腹地经济产业运行概述

受疫情等因素影响，津冀区域经济增速回落，投资总体保持稳步增长
态势，消费需求有所下降。在全国整体进出口增速下滑的背景下，津冀区
域进出口总额增速也出现下滑。2022年，津冀沿海港口（包含天津、河北
沿海港口，下同）主要腹地（指北京、天津、河北三省市，下同）完成

* 刘长俭，交通运输部规划研究院运输经济室主任，高级工程师，经济学博士；葛彪，交通运
输部规划研究院高级工程师；于汛然，交通运输部规划研究院工程师；周齐齐，中交第四航
务工程勘察设计院有限公司经济师。以上作者研究方向为运输经济和水运规划等。

GDP 10.0 万亿元,同比增长 2.1%,增速比 2020 年、2021 年分别下降 0.2 个和 5.3 个百分点;固定资产投资额完成 6.4 亿元,同比增长 2.5%,增速比 2020 年、2021 年分别放缓 0.5 个和 1.2 个百分点;全社会消费品零售额完成 3.1 万亿元,同比下降 3.3%,2020 年、2021 年同比增速分别为 -7.0% 和 7.1%;外贸额完成 0.45 万亿美元,同比下滑 0.2%,2020 年、2021 年增速分别为 -0.7% 和 33.1%(见表 1)。

**表 1 2016~2022 年津翼沿海港口主要腹地主要经济指标增速变化**

单位:%

| | 2016 年 | 2017 年 | 2018 年 | 2019 年 | 2020 年 | 2021 年 | 2022 年 |
|---|---|---|---|---|---|---|---|
| GDP 可比价 | 6.7 | 6.1 | 6.1 | 6.1 | 2.3 | 7.4 | 2.1 |
| 固定资产投资额 | 6.6 | 1.8 | 1.0 | 6.8 | 3.0 | 3.7 | 2.5 |
| 全社会消费品零售额 | 7.5 | 6.4 | 4.6 | 5.4 | -7.0 | 7.1 | -3.3 |
| 外贸额 | -7.8 | 6.8 | 9.8 | -3.7 | -0.7 | 33.1 | -0.2 |

资料来源:作者根据相关数据整理。

2022 年,受疫情等因素综合影响,区域经济增长动力减弱,下游钢材、成品油、用电需求增长乏力,除原油产量和加工量增速略有提高外,生铁、粗钢、原油、发电量等工业产品增速均出现不同程度的下降;房地产行业在需求、价格等因素影响下,投资也出现下降。津冀沿海港口主要腹地生铁产量 2.16 亿吨,同比下降 1.9%,降幅比 2021 年收窄 10.4 个百分点;完成粗钢产量 2.29 亿吨,同比下降 5.7%,降幅比 2021 年收窄 4.7 个百分点;完成原油加工量 0.46 亿吨,同比增长 0.4%,增速比 2021 年下降 8.0 个百分点;完成发电量 0.46 万亿千瓦,同比下降 2.9%,增速由 2.8% 的正增长转为负增长,完成火力发电量 0.38 万亿千瓦,同比下降 0.7%,降幅比 2021 年收窄 2.4 个百分点;完成房地产投资 1.13 万亿元,同比下降 5.4%,增速与 2020 年的 2.2% 和 2021 年的 7.0% 相比,由负转正、出现下降(见表 2)。

表2　2016~2022年津冀沿海区域港口主要腹地典型产业指标增速变化情况

单位：%

| | 2016年 | 2017年 | 2018年 | 2019年 | 2020年 | 2021年 | 2022年 |
|---|---|---|---|---|---|---|---|
| 生铁产量 | 3.7 | -2.1 | 17.4 | 3.5 | 5.3 | -12.3 | -1.9 |
| 粗钢产量 | 0.7 | -0.6 | 23.0 | 2.4 | 3.0 | -10.4 | -5.7 |
| 原油加工量 | -6.3 | -0.9 | 3.7 | 17.1 | -11.4 | 8.4 | 0.4 |
| 发电量 | 4.0 | 3.6 | 12.5 | 4.6 | 3.5 | 2.8 | -2.9 |
| 火力发电量 | 3.2 | 1.7 | 14.2 | -0.3 | 1.8 | -3.1 | -0.7 |
| 房地产行业投资额 | 6.4 | -2.2 | 0.2 | 1.3 | 2.2 | 7.0 | -5.4 |

资料来源：作者根据相关数据整理。

## 二　津冀沿海区域港口吞吐量变化特征

2022年，津冀沿海区域港口完成货物吞吐量18.3亿吨，与2021年的17.6亿吨相比，同比净增0.7亿吨，净增量与2016年以来的净增量均值0.53亿吨相比有所上升。从增速变化看，区域港口货物吞吐量增速除了2019年为负增长，其余年份都呈现较快增长势头，平均增速超过3.0%，其中，2017年增速较高，为5.8%；2022年增速为3.5%，2022年增速比2017~2022年增速均值（3.3%），提高0.2个百分点（见图1）。

从月度变化看，受下半年铁矿石外贸快速增长等因素影响，2022年津冀沿海区域港口货物吞吐量月度同比增速呈现"W"形的特征（见图2）。2022年上半年，月度增速均值为1.8%，下半年为5.2%，下半年比上半年高3.4个百分点。从绝对值看，2022年，区域港口平均每月完成货物吞吐量1.52亿吨，比2020年、2021年的1.42亿吨和1.47亿吨分别高0.10亿吨和0.05亿吨。

2022年，津冀沿海区域港口完成煤炭吞吐量8.2亿吨，与2021年的8.1亿吨相比，同比净增0.1亿吨，与2016年以来的净增量均值0.27亿吨相比，净增量有所下降。从增速变化看，区域港口煤炭吞吐量增速除2020年为负增长外，其他年份均实现正增长。2017年、2018年同比增速分别为

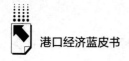 

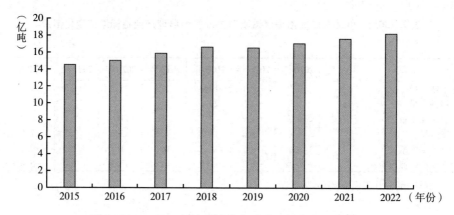

**图1　2015～2022年津冀沿海区域港口货物吞吐量变化**

资料来源：交通运输部。

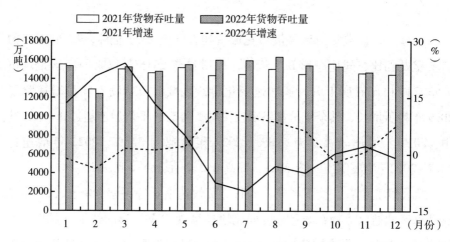

**图2　2021～2022年津冀沿海区域港口分月度货物吞吐量及其增速**

资料来源：交通运输部。

11.5%和8.7%，2021年同比增速为8.8%，2022年同比增速为1.5%；2022年同比增速比2017～2022年增速均值4.0%低2.5个百分点（见图3）。

从月度变化看，2021年津冀沿海区域港口煤炭吞吐量月度同比增速呈现前高后低的特点。2022年上半年，月度增速均值为3.0%，下半年为0.6%，下半年较上半年下降2.4个百分点。从绝对值看，2022年，区域港口平均每月完成煤炭吞吐量 0.68 亿吨，比 2020 年、2021 年的 0.62 亿吨和 0.67 亿吨分别高 0.06 亿吨和 0.01 亿吨（见图 4）。

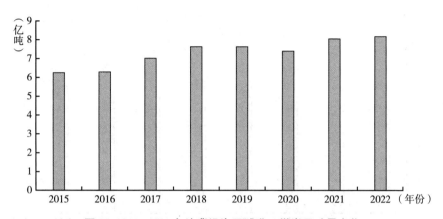

**图 3　2015~2022 年津冀沿海区域港口煤炭吞吐量变化**

资料来源：作者根据相关数据整理。

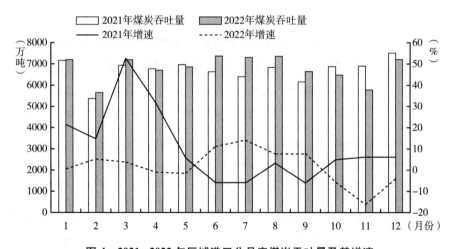

**图 4　2021~2022 年区域港口分月度煤炭吞吐量及其增速**

资料来源：作者根据相关数据整理。

2022 年，津冀沿海区域港口完成原油外贸进港量 0.38 亿吨，与 2021 年的 0.34 亿吨相比，增长 0.04 亿吨，与 2016 年以来的净增量均值 0.01 亿吨相比，净增量有所增加。从增速变化看，区域港口原油外贸进港量增速波动较大，2018 年同比增速高达 18.1%，2020 年为同比下降 13.3%；2022 年同比增速为 9.5%，与 2017～2022 年增速均值（4.1%）相比，增速明显提高（见图 5）。

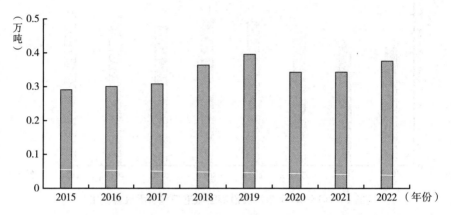

图 5　2015～2022 年津南沿海区域港口原油外贸进港量变化

资料来源：作者根据相关数据整理。

从月度变化看，受国际形势、市场价格、腹地需求等因素影响，津冀沿海区域港口原油外贸进港量月度同比增速呈现前高后低的变化特点。2022 年上半年，月度增速均值为 16.0%，下半年为 8.5%，上半年高于下半年 7.5 个百分点。从绝对值看，2022 年，区域港口平均每月完成原油外贸进港量 313 万吨，比 2020 年、2021 年的 286 万吨、286 万吨分别高 27 万吨、27 万吨（见图 6）。

2022 年，津冀沿海区域港口完成铁矿石外贸进港量 3.34 亿吨，与 2021 年的 3.27 亿吨相比，同比净增 0.07 亿吨，与 2016 年以来的净增量均值-0.02亿吨相比，由负转正，在一定程度有所增长。从增速变化看，区域港口铁矿石外贸进港量增速波动较大，2021 年、2022 年增速分别为 -11.6%和 2.3%，2022 年增速与 2017～2022 年增速均值（-0.3%）相比，由负转正（见图 7）。

从月度变化看，津冀沿海区域港口铁矿石外贸进港量月度同比增速呈现波动上升态势。2022 年上半年，月度同比增速均值为-4.7%，下半年为

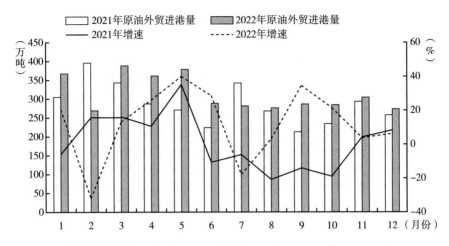

**图6  2021~2022年区域港口分月度原油外贸进港量及其增速**

资料来源：作者根据相关数据整理。

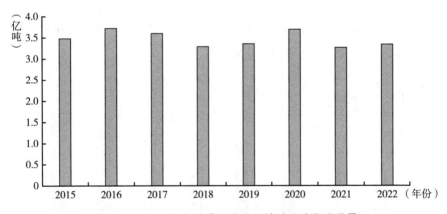

**图7  2015~2022年津冀沿海港口铁矿石外贸进港量**

资料来源：作者根据相关资料整理。

10.6%，下半年月度同比增速均值比上半年高15.3个百分点。从绝对值看，
2022年津冀沿海港口平均每月完成铁矿石外贸进港量0.28亿吨，比2020年
（0.31亿吨）少0.03亿吨，比2021年（0.27亿吨）多0.01亿吨（见图8）。

2022年，津冀沿海港口完成集装箱吞吐量2600万TEU，比2021年增
长92万TEU。从增速变化看，津冀沿海港口集装箱吞吐量总体保持较快增

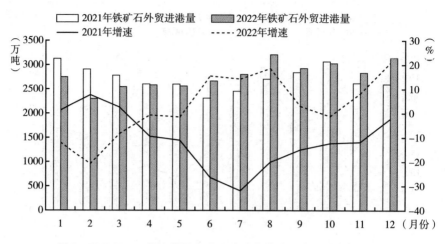

**图8　2021~2022年津冀沿海港口分月度铁矿石外贸进港量及增速**

资料来源：作者根据相关资料整理。

长，2020年和2021年同比增速分别为6.5%和9.9%，2022年增速为3.7%。2017~2022年增速均值为7.2%（见图9）。

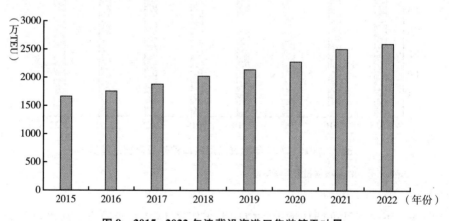

**图9　2015~2022年津冀沿海港口集装箱吞吐量**

资料来源：交通运输部。

从月度变化看，2022年津冀沿海港口集装箱吞吐量月度增速基本稳定。2022年上半年月度增速均值为4.5%，下半年为3.0%，下半年月度增速均值比上半年低1.5个百分点。从绝对值看，2022年津冀沿海港口平均每月完成集装箱吞吐量 217 万 TEU，分别比 2020 年（190 万 TEU）和 2021 年（209 万 TEU）高 27 万 TEU 和 8 万 TEU（见图 10）。

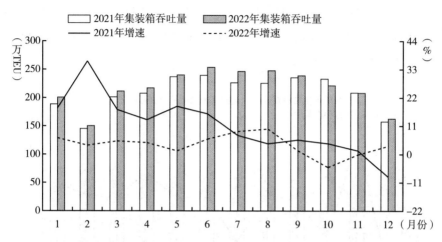

**图 10　2021~2022 年津冀沿海港口分月度集装箱吞吐量及增速**

资料来源：交通运输部。

2022 年，津冀沿海港口完成矿建材料吞吐量 1.01 亿吨，比 2021 年增加 0.18 亿吨。从增速变化看，津冀沿海港口矿建材料吞吐量总体保持快速增长，2020 年和 2021 年同比增速分别为 16.4% 和 29.7%，2022 年同比增速为 21.7%，与 2017~2022 年的增速均值相比，进一步提高（见图 11）。

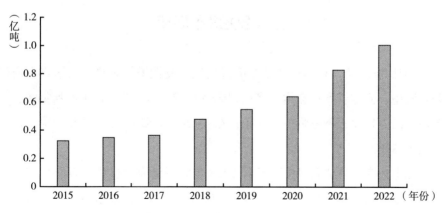

**图 11　2015~2022 年津冀沿海港口矿建材料吞吐量**

资料来源：作者根据相关资料整理。

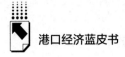
从月度变化看，津冀沿海港口矿建材料吞吐量月度增速整体呈波动下降态势。2022 年 1~4 月、5~8 月、9~12 月的平均增速分别为 56.4%、6.4% 和 25.5%。从绝对值看，2022 年津冀沿海港口平均每月完成矿建材料吞吐量 839 万吨，分别比 2020 年（632 万吨）和 2021 年（692 万吨）高 207 万吨和 147 万吨（见图 12）。

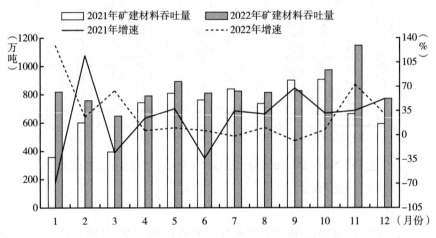

**图 12　2021~2022 年津冀沿海港口分月度矿建材料吞吐量及增速**

资料来源：作者根据相关资料整理。

## 三　2023 年展望

预计 2023 年，京津冀区域经济将呈现恢复性增长态势，增速将有所回升。其中，固定资产投资增速将在 2022 年（2.5%）的基础上有所加快；社会消费品零售总额增速将由负转正；在复杂的国际环境下，进出口额的增长前景不容乐观。

在上述宏观形势背景下，预计 2023 年津冀沿海港口货物吞吐量将继续保持增长，增速基本保持稳定，在 3% 左右；其中，集装箱吞吐量也将继续保持增长，预计维持在 3.7% 左右。

# B.9

# 2022年山东沿海港口经济运行分析与2023年展望

刘长俭　黄川　王蕊　周齐齐*

**摘　要：** 在回顾山东沿海港口主要腹地经济产业发展等宏观环境背景下，主要分析了山东沿海港口货物吞吐量和煤炭、原油、铁矿石、集装箱等货类吞吐量的增速变化规律，同时解析了 2022 年货物吞吐量和各货类吞吐量的月度变化特征。综上分析，利用相关预测模型方法，综合预计 2023 年山东沿海区域港口货物吞吐量将继续保持较快增速，完成货物吞吐量为 20 亿吨左右，增速与 2022 年基本一致，保持在 6% 左右的水平；其中，集装箱吞吐量将继续保持增长，完成吞吐量 4000 万 TEU 左右，增速保持在 2022 年（9%左右）的水平。

**关键词：** 山东沿海　港口经济运行　货物吞吐量

## 一　山东沿海港口主要腹地经济产业运行概述

受疫情等因素的影响，区域经济增速放缓，投资稳中有升，消费增速明显下滑，并出现负增长。在国际产业链逐步恢复、对外贸易固稳提质等情况下，区域外贸额增速明显放缓，但仍保持较快增长。2022 年，山东沿

---

* 刘长俭，交通运输部规划研究院运输经济室主任，高级工程师，经济学博士；黄川，交通运输部规划研究院，博士后；王蕊，交通运输部规划研究院高级工程师；周齐齐，中交第四航务工程勘察设计院有限公司经济师。以上作者研究方向为运输经济和水运规划等。

海港口主要腹地（指山东省，下同）完成 GDP8.7 万亿元，同比增长
3.9%，增速比 2020 年、2021 年分别高 0.4 个、低 4.4 个百分点；固定资
产投资额完成 5.9 万亿元，同比增长 6.1%，增速比 2020 年、2021 年分别
高 2.5 个和 0.1 个百分点；全社会消费品零售额完成 3.3 万亿元，同比下
降 1.4%，2020 年、2021 年同比增速分别为 0.0% 和 15.3%；外贸进出口
额完成 0.6 万亿美元，同比增长 12.3%，2020 年、2021 年同比增速分别
为-1.5%、50.6%。

表1　2016~2022 年山东沿海区域港口主要腹地主要经济指标增速变化

单位：%

| | 2016 年 | 2017 年 | 2018 年 | 2019 年 | 2020 年 | 2021 年 | 2022 年 |
|---|---|---|---|---|---|---|---|
| GDP 可比价 | 7.4 | 7.3 | 6.3 | 5.3 | 3.5 | 8.3 | 3.9 |
| 固定资产投资额 | 9.1 | 3.2 | 4.1 | -8.2 | 3.6 | 6.0 | 6.1 |
| 全社会消费品零售额 | 9.0 | 8.7 | 7.6 | 6.4 | 0.0 | 15.3 | -1.4 |
| 外贸额 | -1.8 | 15.7 | 15.1 | -1.5 | -1.5 | 50.6 | 12.3 |

资料来源：作者根据相关数据整理。

受疫情等因素影响，2022 年区域经济增长放缓，下游钢材、成品油、
用电等需求明显走弱，除铁矿石产量保持增长外，生铁、粗钢、原油加工
量、发电量等工业产品增速均出现不同程度的下降；房地产行业在供求关系
等因素影响下，投资额出现负增长。山东省完成生铁产量 0.74 亿吨，同比
下降 2.0%，降幅比 2021 年扩大 0.1 个百分点；完成粗钢产量 0.76 亿吨，
同比下降 0.6%，降幅比 2021 年收窄 3.7 个百分点；完成原油加工量 1.34
亿吨，同比下降 9.4%，增速由 2021 年的正增长转为负增长；完成发电量
0.57 万亿千瓦，同比下降 7.9%，增速比 2021 年下滑 14.9 个百分点；完成
火力发电量 0.50 万亿千瓦，同比下降 3.5%，增速比 2021 年下滑 5.0 个百
分点；完成房地产行业投资额 0.92 万亿元，同比下降 6.0%，增速比 2021
年下滑 9.9 个百分点（见表2）。

表2　2016~2022年山东沿海区域港口主要腹地典型产业指标增速变化情况

单位：%

| | 2016年 | 2017年 | 2018年 | 2019年 | 2020年 | 2021年 | 2022年 |
|---|---|---|---|---|---|---|---|
| 生铁产量 | 0.3 | -3.1 | -1.6 | -10.6 | 32.9 | -1.9 | -2.0 |
| 粗钢产量 | 8.3 | -0.2 | 0.3 | -11.4 | 25.7 | -4.3 | -0.6 |
| 原油加工量 | 19.0 | 12.6 | 14.0 | 4.4 | 7.2 | 1.9 | -9.4 |
| 发电量 | 13.8 | -3.1 | 12.8 | 1.2 | -1.5 | 7.0 | -7.9 |
| 火力发电量 | 14.2 | -4.5 | 12.4 | -4.2 | -2.9 | 1.5 | -3.5 |
| 房地产行业投资额 | 7.3 | 5.0 | 13.8 | 14.1 | 9.7 | 3.9 | -6.0 |

资料来源：作者根据相关数据整理。

## 二　山东沿海区域港口吞吐量变化特征

2022年，山东沿海区域港口完成货物吞吐量18.9亿吨，与2021年的17.8亿吨相比，同比净增1.1亿吨，与2020~2022年净增量均值0.93亿吨相比，净增量有所提升（见图1）。从增速变化看，区域港口货物吞吐量同比增速总体保持较快增长，基本保持在4%以上的增速，在疫情影响下，2020年和2021年同比增速依然分别达4.9%和5.5%，2022年同比增速还有所提升，达6.1%；2022年增速比2020~2022年增速均值5.5%高0.6个百分点。

从月度变化看，山东沿海区域港口货物吞吐量月度同比增速均保持了较快增长，有的月度同比增速达到两位数。2022年上半年，月度增速均值为5.6%，下半年为6.7%，下半年比上半年提高1.1个百分点。从绝对值看，2022年，区域港口平均每月完成货物吞吐量1.58亿吨，比2020年和2021年的1.41亿吨和1.48亿吨分别高0.17亿吨和0.10亿吨（见图2）。

2022年，山东沿海区域港口完成煤炭吞吐量1.51亿吨，与2021年的1.34亿吨相比，净增0.17亿吨，与2016年以来的净增量均值0.12亿吨相比，净增量进一步增长。从增速变化看，区域港口煤炭吞吐量同比增速总体呈现较快增长势头，2016年以来，除2021年同比增速相对较低外，其他年份同比增速均保持在6%以上，2020年和2021年分别为7.5%和1.0%；2022年同比

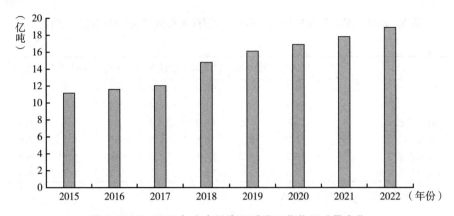

**图1  2015~2022年山东沿海区域港口货物吞吐量变化**

资料来源：交通运输部。

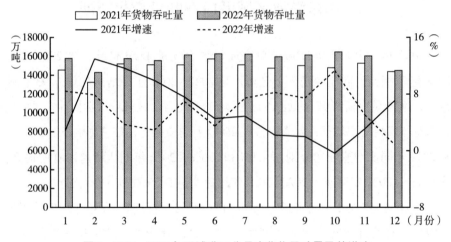

**图2  2021~2022年区域港口分月度货物吞吐量及其增速**

资料来源：交通运输部。

增速为12.4%，比2020~2022年增速均值7.0%高5.4个百分点（见图3）。

从月度变化看，山东沿海区域港口煤炭吞吐量月度同比增速呈现逐渐放缓的特点。2022年上半年，月度增速均值为18.0%，下半年为8.1%，下半年比上半年增速下降9.9个百分点。从绝对值看，2022年，区域港口平均每月完成煤炭吞吐量0.13亿吨，比2020年和2021年的0.11亿吨均高0.02亿吨（见图4）。

2022年，受成品油需求低迷、地方炼厂开工率不足等因素影响，山东

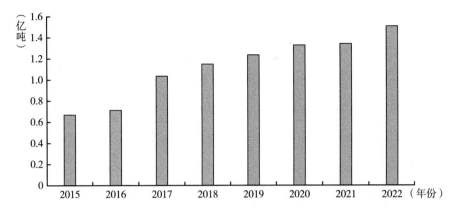

**图3　2015～2022年山东沿海区域港口煤炭吞吐量变化**

资料来源：作者根据相关资料整理。

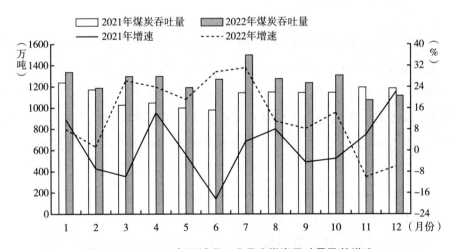

**图4　2021～2022年区域港口分月度煤炭吞吐量及其增速**

资料来源：作者根据相关资料整理。

沿海区域港口完成原油外贸进港量1.66亿吨，与2021年的1.83亿吨相比，减少0.17亿吨，与2016年以来的净增量均值0.12亿吨相比，净增量由正转负。从增速变化看，区域港口原油外贸进港量同比增速波动较大，2021～2022连续负增长。2016年、2017年、2018年同比增速分别高达25.2%、28.0%和19.7%，2021年同比增速为-1.9%；2022年同比增速为-8.9%，大大低于2017～2022年增速均值（11.0%）（见图5）。

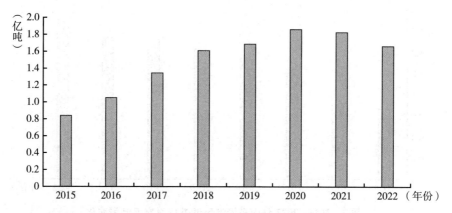

**图5　2015～2022年以来山东沿海区域港口原油外贸进港量变化**

资料来源：作者根据相关资料整理。

从月度变化看，受市场价格等因素影响，2022年山东沿海区域港口原油外贸进港量月度同比增速大多为负值。2022年上半年，月度增速均值为-15.0%，下半年为-1.0%，下半年比上半年降幅收窄14.0个百分点。从绝对值看，2022年，区域港口平均每月完成原油外贸进港量1387万吨，比2020年、2021年的1552万吨、1523万吨分别低165万吨和136万吨（见图6）。

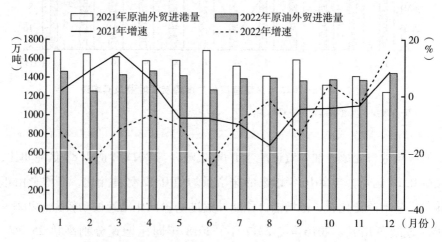

**图6　2021～2022年区域港口分月度原油外贸进港量及其增速**

资料来源：作者根据相关资料整理。

2022年，受钢铁需求低迷等因素影响，山东沿海区域港口完成铁矿石外贸进港量2.85亿吨，与2021年的2.98亿吨相比，下降0.13亿吨，与2016年以来的净增量均值0.09亿吨相比，由正转负。从增速变化看，区域港口铁矿石外贸进港量同比增速继2018年出现负增长之后，第二次出现负增长。2018年同比增速为-1.8%，2021年、2022年同比增速分别为9.8%和-4.3%，2022年增速与2017~2022年增速均值4.0%相比，由较快正增长转为负增长（见图7）。

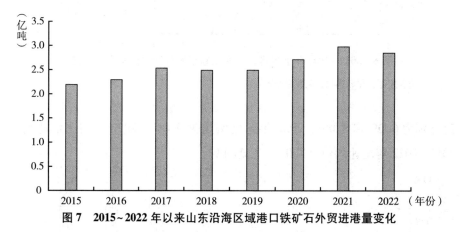

**图7 2015~2022年以来山东沿海区域港口铁矿石外贸进港量变化**

资料来源：作者根据相关资料整理。

从月度变化看，山东沿海区域港口铁矿石外贸进港量月度同比增速整体呈现负增长的特征。2022年上半年，月度增速均值为-5.2%，下半年为-2.6%，下半年月度增速均值降幅比上半年收窄2.6个百分点。从绝对值看，2022年，区域港口平均每月完成铁矿石外贸进港量0.24亿吨，比2020年、2021年的0.23亿吨、0.25亿吨分别高0.01亿吨和低0.01亿吨（见图8）。

2022年，在国际市场需求拉动、外贸额保持较快增长等因素影响下，山东沿海区域港口完成集装箱吞吐量3757万TEU，与2021年的3447万TEU相比，总体保持较快增长，净增310万TEU，与2016年以来的净增量均值203万TEU相比，进一步增加。从增速变化看，区域港口集装箱吞吐量即使在疫情影响下总体依然保持较快增长势头，2020年、2021年同比增

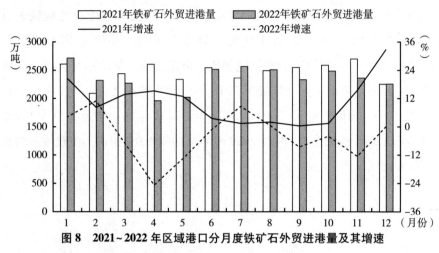

图 8  2021~2022 年区域港口分月度铁矿石外贸进港量及其增速

资料来源：作者根据相关数据整理。

速分别为 6.0% 和 8.0%，2022 年同比增速为 9.0%，2022 年同比增速高于 2017~2022 年增速均值（7.0%）（见图9）。

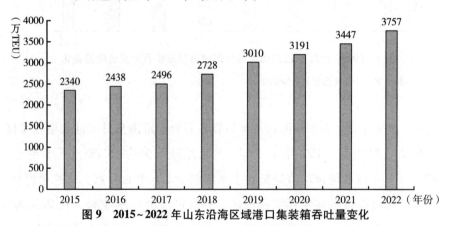

图 9  2015~2022 年山东沿海区域港口集装箱吞吐量变化

资料来源：交通运输部。

从月度变化看，2022 年山东沿海港口集装箱吞吐量月度增速较为稳定。2022 年上半年，月度增速均值为 8.1%，下半年为 9.9%，下半年月度增速均值比上半年高 1.8 个百分点。从绝对值看，2022 年山东沿海港口平均每月完成集装箱吞吐量 313 万 TEU，分别比 2020 年（266 万 TEU）和 2021 年（287 万 TEU）高 47 万 TEU 和 26 万 TEU（见图 10）。

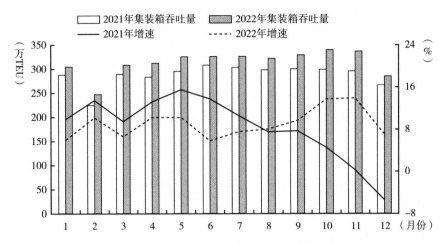

**图10  2021～2022年区域港口分月度集装箱吞吐量及其增速**

资料来源：交通运输部。

2022年，山东沿海区域港口完成矿建材料吞吐量0.75亿吨，与2021年相比下降0.01亿吨，2022年同比净增量与2016年以来的净增量均值0.04亿吨相比，呈小规模下降。从增速变化看，区域港口矿建材料吞吐量总体保持较快增长，但波动较大，2020年、2021年同比增速分别为0.8%和22.4%，2022年同比增速为-0.8%（见图11）。

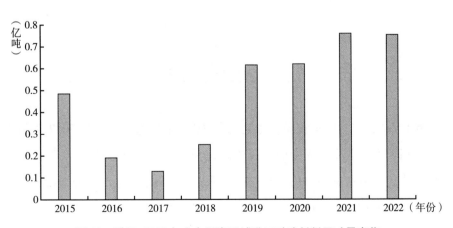

**图11  2015～2022年山东沿海区域港口矿建材料吞吐量变化**

资料来源：作者根据相关数据整理。

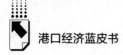

从月度变化看，山东沿海区域港口矿建材料吞吐量月度同比增速处于前低后高趋势。2022年上半年，月度增速均值为-16.3%，下半年为21.0%，下半年月度增速均值比上半年提高37.3个百分点。从绝对值看，2022年，区域港口平均每月完成矿建材料吞吐量628万吨，比2020年、2021年的552万吨、633万吨分别高76万吨和低5万吨（见图12）。

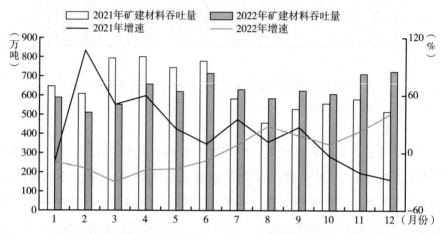

**图12　2021~2022年区域港口分月度矿建材料吞吐量及其增速**

资料来源：作者根据相关数据整理。

## 三　2023年展望

预计2023年，山东省经济将呈现恢复性增长，增速预计在2022年的基础上有所回升。其中，固定资产投资增速预计将保持2022年的水平；社会消费品零售总额增速将由负转正；在国际复杂环境下，进出口额继续保持较快增长的压力加大，预计增速比2022年有所放缓。

基于上述宏观形势的预计，山东沿海港口货物吞吐量将继续保持较快增长，2023年将完成货物吞吐量20亿吨左右。考虑大宗散货增长动力不足等因素，预计 2023 年港口货物吞吐量同比增速与 2022 年基本一致，保持在 6%左右。其中，集装箱吞吐量增速存在一定的不确定性，预测 2023 年集装箱吞吐量将继续保持增长，全年完成吞吐量 4000 万 TEU 左右，同比增速保持在 9%左右。

# B.10
# 2022年长三角港口经济运行分析与2023年展望

刘长俭 黄川 于汛然 李宜军*

**摘　要：** 在回顾长三角港口主要腹地经济产业发展等宏观环境背景下，主要分析了区域港口货物吞吐量和煤炭、原油、铁矿石、集装箱、矿建材料等货类吞吐量的增速变化规律，同时分析了货物吞吐量和各货类吞吐量的月度变化特点。基于上述分析，利用相关预测模型，综合预计2023年长三角区域港口货物吞吐量将继续保持增长，同比增速与2022年1.6%的水平基本相当，预计在2%左右；其中，集装箱吞吐量继续保持增长，预计同比增速维持在2022年的水平。

**关键词：** 长三角　港口经济运行　货物吞吐量

## 一　长三角区域经济产业运行概述

受疫情等因素影响，长三角经济增速放缓，投资、消费增速均出现不同程度下滑。在国际产业链逐步恢复、需求逐步得到满足的情况下，长三角地区进出口额增速也有所放缓。2022年，长三角区域港口（指江苏、上海、浙江沿海港口，含江苏沿江八港，下同）主要腹地（指上海、江苏、浙江，

---

\* 刘长俭，交通运输部规划研究院运输经济室主任，高级工程师，经济学博士；黄川，交通运输部规划研究院，博士后；于汛然，交通运输部规划研究院工程师；李宜军，交通运输部规划研究院高级工程师。以上作者研究方向为运输经济和水运规划等。

下同）完成地区生产总值 24.5 万亿元，同比增长 2.3%，增速较 2020 年、2021 年分别放缓 1.0 个和 6.4 个百分点；固定资产投资额完成 11.6 万亿元，同比增长 5.3%，增速比 2020 年、2021 年分别高 2.4 个和低 2.5 个百分点；全社会消费品零售额完成 9.0 万亿元，同比下降 0.4%，2020 年、2021 年同比增速分别为-1.5% 和 13.0%；外贸进出口额完成 2.2 万亿美元，同比增长 4.2%，2020 年、2021 年同比增速分别为 1.5% 和 28.3%（见表 1）。

**表 1　2016~2022 年长三角区域港口主要腹地主要经济指标增速变化**

单位：%

|  | 2016 年 | 2017 年 | 2018 年 | 2019 年 | 2020 年 | 2021 年 | 2022 年 |
|---|---|---|---|---|---|---|---|
| GDP 可比价 | 7.5 | 7.3 | 6.8 | 6.2 | 3.3 | 8.7 | 2.3 |
| 固定资产投资额 | 6.1 | 5.1 | 6.0 | 6.8 | 2.9 | 7.8 | 5.3 |
| 全社会消费品零售额 | 10.3 | 10.3 | 8.4 | 7.1 | -1.5 | 13.0 | -0.4 |
| 外贸额 | -5.0 | 13.3 | 12.0 | -2.5 | 1.5 | 28.3 | 4.2 |

资料来源：作者根据相关资料整理。

　　2022 年，区域经济增速放缓，投资、消费需求不足，下游钢材、粗钢、用电需求走弱，除原油加工量保持较快增长外，生铁、粗钢、发电量等工业产品增速均出现不同程度下降；房地产投资额出现负增长；2022 年，长三角区域港口主要腹地完成生铁产量 1.18 亿吨，同比下降 3.1%，降幅比 2021 年扩大 2.5 个百分点；完成粗钢产量 1.44 亿吨，同比下降 1.2%，降幅与 2021 年相当；完成铁矿石产量 0.11 亿吨，同比下降 8.3%，降幅比 2021 年提高 0.6 个百分点；完成原油加工 1.28 亿吨，同比增长 7.5%，增速比 2021 年提高 4.6 个百分点；完成原油产量 0.02 亿吨，增速与 2021 年持平；完成发电量 1.08 万亿千瓦时，同比下降 3.1%，增速比 2021 年下滑 19.6 个百分点，其中，完成火力发电量 0.88 万亿千瓦时，同比下降 1.5%，增速比 2021 年下滑 15.8 个百分点；房地产行业完成投资额 3.03 万亿元，同比下降 1.9%，与 2021 年同比增速（5.5%）相比，下滑 7.4 个百分点（见表 2）。

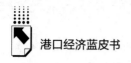

表2　2016~2022年长三角区域港口主要腹地典型产业指标增速变化

单位：%

| | 2016 年 | 2017 年 | 2018 年 | 2019 年 | 2020 年 | 2021 年 | 2022 年 |
|---|---|---|---|---|---|---|---|
| 生铁产量 | -2.0 | -1.8 | -3.1 | 5.8 | 27.0 | -0.6 | -3.1 |
| 粗钢产量 | -2.0 | -6.8 | 1.5 | 12.7 | 0.9 | -1.2 | -1.2 |
| 原油加工量 | 0.4 | 1.9 | -2.7 | 11.4 | 13.9 | 2.9 | 7.5 |
| 发电量 | 6.7 | 4.3 | 3.0 | 1.7 | 0.9 | 16.5 | -3.1 |
| 火力发电量 | 7.3 | 4.6 | 0.9 | -2.9 | -0.7 | 14.3 | -1.5 |
| 房地产行业投资额 | 7.5 | 7.8 | 15.0 | 7.9 | 8.8 | 5.5 | -1.9 |

资料来源：作者根据相关资料整理。

## 二　长三角区域港口吞吐量变化特征

2022年，长三角区域港口完成货物吞吐量48.7亿吨，与2021年的47.9亿吨相比，净增0.8亿吨，同比净增量与2016年以来的净增量均值1.92亿吨相比明显下降（见图1）。从增速变化看，区域港口货物吞吐量增速总体呈现放缓走势，由2017年9.1%的较高增速，不断放缓到2022年的1.6%；2022年增速比2016~2022年增速均值（4.8%），低3.2个百分点。

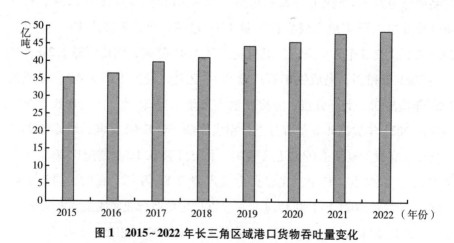

图1　2015~2022年长三角区域港口货物吞吐量变化

资料来源：交通运输部。

从月度变化看，受疫情等因素影响，长三角区域港口货物吞吐量月度同比增速呈现前低后高的特征。2022年上半年，月度增速均值为0.5%，下半年为3.2%，下半年月度增速均值比上半年高2.7个百分点。从绝对值看，2022年，区域港口平均每月完成货物吞吐量4.05亿吨，比2020年和2021年的3.80亿吨和4.00亿吨分别高0.25亿吨和0.05亿吨（见图2）。

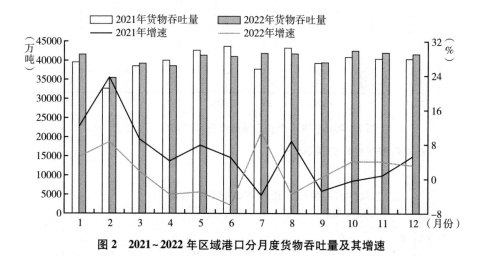

图2　2021~2022年区域港口分月度货物吞吐量及其增速

资料来源：交通运输部。

2022年，长三角区域港口完成煤炭吞吐量8.7亿吨，与2021年的8.5亿吨相比，净增0.2亿吨，同比净增量与2016年以来的净增量均值0.24亿吨相比有所下降。从增速变化看，区域港口煤炭吞吐量增速总体呈现波动变化，2016年、2021年同比增速分别为7.9%和13.4%，2018年和2020年分别为-3.0%和-7.0%；2022年同比增速为1.9%，比2017~2022年增速均值（3.3%）低1.4个百分点（见图3）。

从月度变化看，受疫情等因素影响，长三角区域港口煤炭吞吐量月度同比增速呈现上半年一度负增长到下半年恢复为正增长的特征。2022年上半年，月度增速均值为-0.7%，下半年为5.0%，下半年月度增速均值比上半年提高5.7个百分点。从绝对值看，2022年，区域港口平均每月完成煤炭

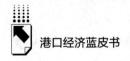

吞吐量 0.72 亿吨，比 2020 年、2021 年的 0.63 亿吨、0.71 亿吨分别高 0.09
亿吨和 0.01 亿吨（见图 4）。

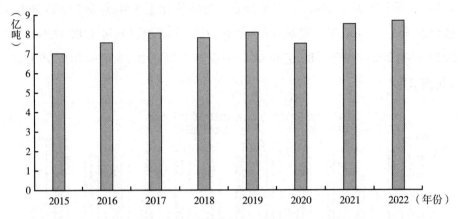

**图 3　2015～2022 年长三角区域港口煤炭吞吐量变化**

资料来源：作者根据相关资料整理。

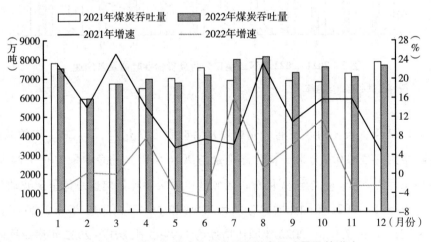

**图 4　2021～2022 年区域港口分月度煤炭吞吐量及其增速**

资料来源：作者根据相关资料整理。

2022 年，长三角区域港口完成原油外贸进港量 1.02 亿吨，与 2021 年
的 1.04 亿吨相比，减少 0.02 亿吨，同比净增量与 2016 年以来的净增量均
值 0.04 亿吨相比由正转负。从增速变化看，区域港口原油外贸进港量增速

波动较大，2018年同比增速为-6.8%，2019年增速高达18.2%；2022年增速为-2.2%，远低于2017～2022年增速均值5.2%（见图5）。

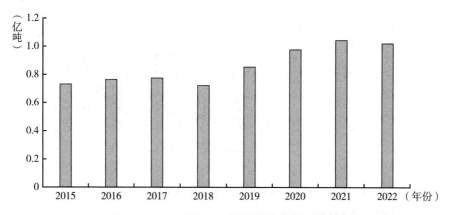

**图5　2015～2022年长三角区域港口原油外贸进港量变化**

资料来源：作者根据相关资料整理。

从月度变化看，受国际形势、市场价格等因素影响，长三角区域港口原油外贸进港量月度同比增速呈现前高后低的变化特点。2022年上半年，月度增速均值为1.4%，下半年为-5.9%，上半年月度增速均值高于下半年7.3个百分点。从绝对值看，2022年，区域港口平均每月完成原油外贸进港量851万吨，比2020年、2021年的814万吨、869万吨分别高37万吨和低18万吨（见图6）。

2022年，长三角区域港口完成铁矿石外贸进港量3.52亿吨，与2021年相比，下降0.02亿吨，与2016年以来的净增量均值0.07亿吨相比明显下降。从增速变化看，区域港口铁矿石外贸进港量连续多年保持低速增长，2021年、2022年同比增速分别为1.1%和-0.3%，2022年同比增速远低于2017～2022年增速均值（2.4%）（见图7）。

从月度变化看，受国内矿产量提升、钢铁需求疲软等因素影响，长三角区域港口铁矿石外贸进港量月度同比增速呈现上下半年均为负的特征（见图8）。2022年上半年，月度增速均值为-0.1%，下半年为-0.2%，下半年月度增速均值降幅比上半年扩大0.1个百分点。从绝对值看，2022年，区

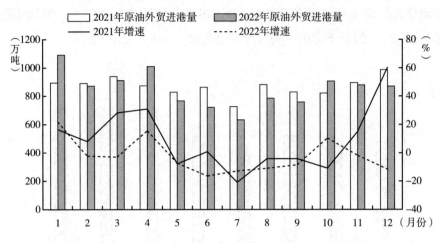

**图6 2021~2022年区域港口分月度原油外贸进港量及其增速**

资料来源：作者根据相关资料整理。

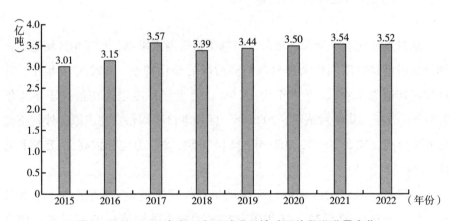

**图7 2015~2022年长三角区域港口铁矿石外贸进港量变化**

资料来源：作者根据相关资料整理。

域港口平均每月完成铁矿石外贸进港量2937万吨，比2020年、2021年的2913万吨、2946万吨分别高24万吨和低9万吨。

2022年，长三角区域港口完成集装箱吞吐量1.08亿TEU，与2021年的1.03亿TEU相比，总体保持较快增长，净增508万TEU，与2016年以来的净增量均值471万TEU相比，有所增加（见图9）。从增速变化看，区域

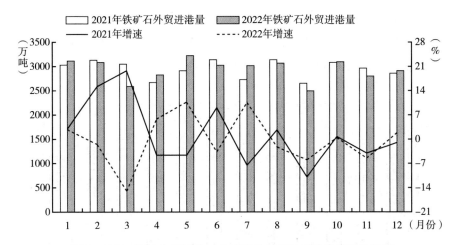

**图8 2021~2022年区域港口分月度铁矿石外贸进港量及其增速**

资料来源：作者根据相关资料整理。

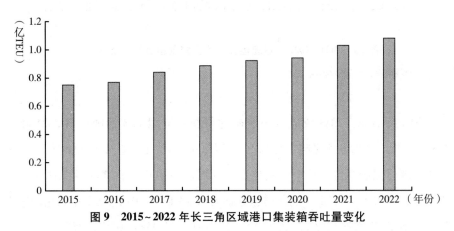

**图9 2015~2022年长三角区域港口集装箱吞吐量变化**

资料来源：交通运输部。

港口集装箱吞吐量总体保持较快增长，2020年、2021年同比增速分别为
2.0%和9.4%，2022年增速为4.9%；2022年增速与2017~2022年增速均
值5.4%相比有所放缓，但仍保持较快增长。

从月度变化看，受疫情等因素影响，2022年长三角区域港口集装箱吞
吐量月度同比增速呈现除7月较高外，其他月份相对平稳的特征。2022年
上半年，月度增速均值为3.6%，下半年为6.4%，下半年月度增速均值比

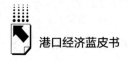

上半年提高 2.8 个百分点。从绝对值看，2022 年，区域港口平均每月完成集装箱吞吐量 900 万 TEU，比 2020 年、2021 年的 784 万 TEU、858 万 TEU 分别增长 116 万 TEU 和 42 万 TEU（见图 10）。

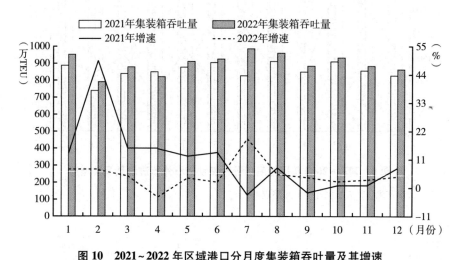

图 10　2021～2022 年区域港口分月度集装箱吞吐量及其增速

资料来源：交通运输部。

2022 年，长三角区域港口完成矿建材料吞吐量 8.8 亿吨，与 2021 年的 8.3 亿吨相比净增 0.5 亿吨，与 2016 年以来的净增量均值 0.73 亿吨相比，虽有所下降但仍居高位。从增速变化看，区域港口矿建材料吞吐量总体保持较快增长，2020 年、2021 年同比增速分别为 3.6% 和 -1.9%，2022 年同比增速为 5.7%；2022 年增速与 2017～2022 年增速均值（14.1%）相比，有所放缓，但增速比区域港口吞吐量平均增速高出 4.1 个百分点（见图 11 和图 12）。

## 三　2023年展望

2023 年，长三角区域经济将呈现恢复性增长，增速预计在 2022 年（2.3%）的基础上回升至 5% 左右。其中，固定资产投资增速预计在 2022 年（5.3%）的基础上有所提升；社会消费品零售总额增速将由负转正，呈

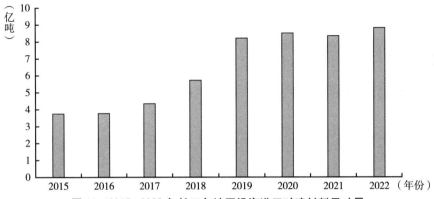

**图11　2015~2022年长三角地区沿海港口矿建材料吞吐量**

资料来源：作者根据相关资料整理。

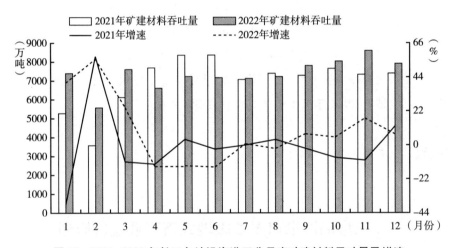

**图12　2021~2022年长三角地沿海港口分月度矿建材料吞吐量及增速**

资料来源：作者根据相关资料整理。

现快速恢复性增长；进出口额增长压力加大，预计增速将与2022年持平。基于上述宏观形势的判断，预计2023年长三角地区沿海港口货物吞吐量将继续保持增长态势，增速与2022年（1.6%）持平，在2%左右；其中，集装箱吞吐量继续增长，预计增速大致与2022年持平。

# B.11
# 2022年东南沿海港口经济运行分析与2023年展望

刘长俭　张晓晴　于汛然　周齐齐*

**摘　要：** 在简要回顾东南沿海港口主要腹地经济产业发展宏观背景下，重点分析了东南沿海港口货物吞吐量和煤炭、原油、铁矿石、集装箱等货类吞吐量的增长变化规律，同时分析了吞吐量的月度变化特点。综上分析，利用相关预测方法，综合预计东南沿海港口货物吞吐量将继续保持稳步增长，2023年完成7.3亿吨左右，增速比2022年3.2%的增速略有放缓，预计在2%左右。其中，集装箱吞吐量预计完成1850万TEU以上，继续保持稳步增长，增速与2022年基本持平，保持在3%左右。

**关键词：** 东南沿海　港口经济运行

## 一　东南沿海港口主要腹地经济产业运行概述

受国际宏观环境复杂和疫情冲击等因素影响，东南沿海区域经济增速放缓，投资平稳增长，消费增速出现明显下滑。在国际市场需求低迷、国际产业链恢复等背景下，进出口总额增速也出现大幅放缓。2022年，东南沿海区域港口（指福建省沿海港口，下同）主要腹地（指福建省，下同）完成

---

* 刘长俭，交通运输部规划研究院运输经济室主任，高级工程师，经济学博士；张晓晴，交通运输部规划研究院高级工程师；于汛然，交通运输部规划研究院工程师；周齐齐，中交第四航务工程勘察设计院有限公司经济师。以上作者研究方向为运输经济和水运规划等。

GDP 5.3 万亿元，同比增长 4.7%，增速比 2020 年、2021 年分别提高 1.5 个和降低 3.6 个百分点；固定资产投资额完成 3.4 万亿元，同比增长 7.5%，增速比 2020 年、2021 年分别提高 7.9 个和 1.5 个百分点；全社会消费品零售额完成 2.1 万亿元，同比增长 3.3%，2020 年、2021 年同比增速分别为 -1.4% 和 9.4%；外贸进出口额完成 0.27 万亿美元，同比增长 7.8%，2020 年、2021 年同比增速分别为 -1.5% 和 43.7%。

表1  2016~2022 年东南沿海港口主要腹地主要经济指标增速变化

单位：%

|  | 2016 年 | 2017 年 | 2018 年 | 2019 年 | 2020 年 | 2021 年 | 2022 年 |
|---|---|---|---|---|---|---|---|
| GDP 可比价 | 8.4 | 8.1 | 8.3 | 7.5 | 3.2 | 8.3 | 4.7 |
| 固定资产投资额 | 7.2 | 8.6 | 11.5 | 5.9 | -0.4 | 6.0 | 7.5 |
| 全社会消费品零售额 | 11.7 | 12.3 | 11.6 | 10.0 | -1.4 | 9.4 | 3.3 |
| 外贸额 | -7.3 | 11.9 | 12.9 | 1.1 | -1.5 | 43.7 | 7.8 |

资料来源：作者根据相关资料整理。

2022 年，受消费、外贸需求不足等因素影响，东南沿海区域港口主要腹地区域经济增长动力不足，原油加工量、发电量、房地产行业投资额等均出现下降。区域完成生铁产量 0.13 亿吨，同比增长 20.7%，增速比 2021 年提高 17.2 个百分点；完成粗钢产量 0.3 亿吨，同比增长 26.1%，增速比 2021 年提高 23.3 个百分点；铁矿石产量 0.008 亿吨，同比下降 60%；原油加工量 0.26 亿吨，同比下降 9.1%，增速比 2021 年下降 21.5 个百分点；完成发电量 0.29 万亿千瓦时，同比下降 2.3%，增速比 2021 年下降 13.6 个百分点；火力发电量 0.16 万亿千瓦时，同比下降 7.0%，增速比 2021 年下降 16.3 个百分点；完成房地产行业投资额 0.55 万亿元，同比下降 11%，增速由正转负，比 2021 年下降 13.8 个百分点（见表2）。

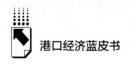

表2　2016~2022年东南沿海区域港口主要腹地典型产业指标增速变化

单位：%

| | 2016年 | 2017年 | 2018年 | 2019年 | 2020年 | 2021年 | 2022年 |
|---|---|---|---|---|---|---|---|
| 生铁产量 | 0.0 | -4.3 | 4.7 | 5.7 | 6.6 | 3.5 | 20.7 |
| 粗钢产量 | -4.4 | 24.1 | 10.8 | 14.6 | 3.2 | 2.8 | 26.1 |
| 原油加工量 | -3.4 | -0.1 | 2.7 | 19.4 | -1.2 | 12.4 | -9.1 |
| 发电量 | 5.6 | 9.6 | 13.3 | 3.4 | 2.8 | 11.3 | -2.3 |
| 火力发电量 | -16.7 | 24.5 | 24.8 | 0.9 | 10.9 | 9.3 | -7.0 |
| 房地产行业投资额 | 2.7 | 4.5 | 3.0 | 14.8 | 6.2 | 2.8 | -11.0 |

资料来源：作者根据相关资料整理。

## 二　东南沿海区域港口吞吐量变化特征

2022年，东南沿海区域港口完成货物吞吐量7.1亿吨，与2021年的6.9亿吨相比，净增0.22亿吨，与2016年以来的净增量均值0.30亿吨相比，净增量小幅下降（见图1）。从增速变化看，区域港口货物吞吐量同比增速总体呈现波动走势，由2018年的7.3%及2021年11.4%的较高增速，降至2022年的3.2%，增速比2017~2022年增速均值5.2%，低2.0个百分点。

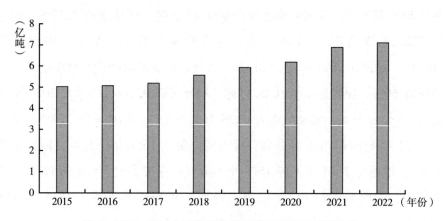

图1　2015~2022年东南沿海区域港口货物吞吐量变化

资料来源：交通运输部。

从月度变化看,东南沿海区域港口货物吞吐量月度同比增速呈现上下半年比较平稳的特征。2022年上半年,月度增速均值为3.7%,下半年为3.6%,上半年月度增速均值高于下半年0.1个百分点。从绝对值看,2022年,区域港口平均每月完成货物吞吐量5951万吨,比2020年、2021年的5178万吨和5766万吨分别增长773万吨和185万吨(见图2)。

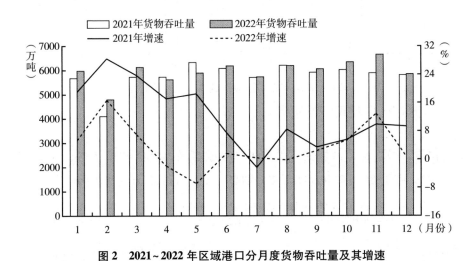

**图2  2021~2022年区域港口分月度货物吞吐量及其增速**

资料来源:交通运输部。

2022年,东南沿海区域港口完成煤炭吞吐量1.21亿吨,与2021年的1.19亿吨相比,净增0.02亿吨,与2016年以来的净增量均值0.07亿吨相比,净增量有所下降(见图3)。从增速变化看,区域港口煤炭吞吐量同比增速总体呈现波动变化,2017年、2018年、2019年和2021年同比增速分别为15.1%、19.8%、18.5%和11.7%;2016年和2020年同比增速分别为-10.0%和-2.5%;2022年同比增速为2.2%,比2017~2022年增速均值(7.8%)低5.6个百分点。

从月度变化看,东南沿海区域港口煤炭吞吐量月度同比增速呈现上半年一度负增长到下半年恢复为正增长的特点。2022年上半年月度增速均值为-2.5%,下半年为7.7%,上半年月度增速均值低于下半年10.2个百分点。从

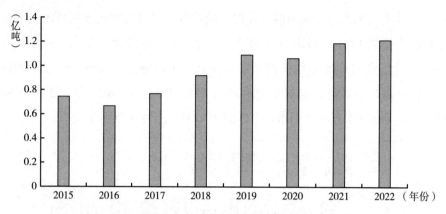

**图3　2015~2022年东南沿海区域港口煤炭吞吐量变化**

资料来源：作者根据相关资料整理。

绝对值看，2022年，区域港口平均每月完成煤炭吞吐量1012万吨，比2020年、2021年的886万吨和990万吨分别高126万吨和22万吨（见图4）。

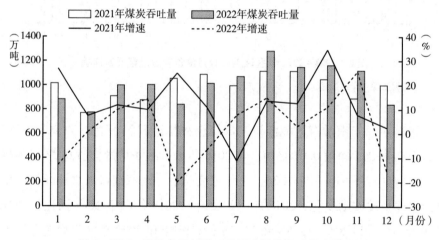

**图4　2021~2022年区域港口分月度煤炭吞吐量及其增速**

资料来源：作者根据相关资料整理。

2022年，东南沿海区域港口完成原油外贸进港量0.27亿吨，与2021年的0.28亿吨相比，减少0.01亿吨，与2016年以来的净增量均值0.01亿吨相比，净增量由正转负。从增速变化看，区域港口原油外贸进港量同比增

速波动较大,2019 年同比增速高达 17.8%;2020 年为 0.7%;2022 年同比
增速为-4.1%,增速与 2017~2022 年增速均值 2.5%相比,由较快正增长,
转为同比下降(见图 5)。

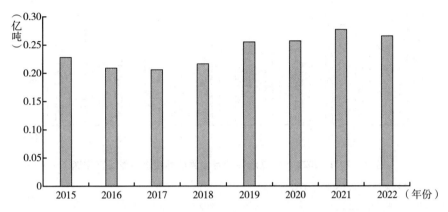

**图 5  2015~2022 年东南沿海区域港口原油外贸进港量变化**

资料来源:作者根据相关资料整理。

从月度变化看,受国际形势、市场价格等因素影响,东南沿海区域港口
原油外贸进港量月度同比增速总体呈现前高后低再提高的变化特点。2022
年上半年月度增速均值为 5.5%,下半年为 2.4%,上半年月度增速均值高
于下半年 3.1 个百分点。从绝对值看,2022 年,区域港口平均每月完成原
油外贸进港量 221 万吨,比 2020 年、2021 年的 214 万吨、231 万吨分别高 7
万吨和低 10 万吨(见图 6)。

2022 年,东南沿海区域港口完成铁矿石外贸进港量 0.38 亿吨,与 2021 年
的 0.36 亿吨相比,净增 0.02 亿吨,与 2016 年以来的净增量均值 0.02 亿吨相
比,基本持平。从增速变化看,区域港口铁矿石外贸进港量同比增速连续多
年正增长,2018 年和 2020 年同比增速分别为 14.3%和 10.8%,2022 年同比增
速为 4.8%,与 2017~2022 年增速均值 6.2%相比,增速有所放缓(见图 7)。

从月度变化看,受国际市场变化、腹地需求增长等因素影响,东南沿海
区域港口铁矿石外贸进港量月度同比增速呈现波动上升的特征。2022 年上
半年月度增速均值为 2.9%,下半年为 8.7%,下半年月度增速均值比上半

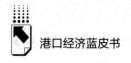

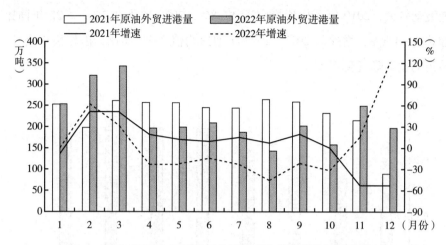

**图6　2021～2022年区域港口分月度原油外贸进港量及其增速**

资料来源：作者根据相关资料整理。

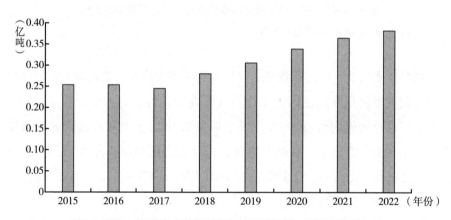

**图7　2015～2022年东南沿海区域港口铁矿石外贸进港量变化**

资料来源：作者根据相关资料整理。

年提高5.8个百分点。从绝对值看，2022年，区域港口平均每月完成铁矿石外贸进港量318万吨，比2020年、2021年的283万吨、304万吨分别高35万吨和14万吨（见图8）。

2022年，东南沿海区域港口完成集装箱吞吐量1800万TEU，与2021年的1746万TEU相比，净增54万TEU，与2016年以来的年度净增量均值

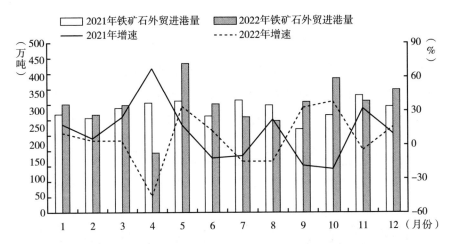

**图8 2021~2022年区域港口分月度铁矿石外贸进港量及其增速**

资料来源：作者根据相关资料整理。

62万TEU相比，有所下降（见图9）。从增速变化看，区域港口集装箱吞吐量总体保持较快增长，在2020年负增长后呈现逐步回升态势，2020年、2021年增速分别为-0.3%和1.5%，2022年增速为3.1%，增速与2017~2022年增速均值4.1%相比仍有一定程度放缓。

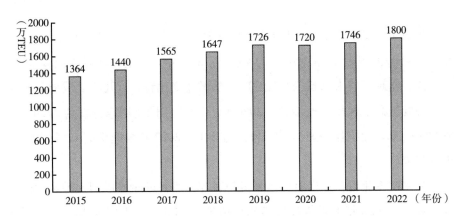

**图9 2015~2022年东南沿海区域港口集装箱吞吐量变化**

资料来源：交通运输部。

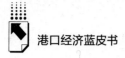

从月度变化看，东南沿海区域港口集装箱吞吐量月度同比增速呈现波动上升的变化特征。2022年上半年月度增速均值为1.1%，下半年为5.1%，下半年月度增速均值比上半年提高4.0个百分点。从绝对值看，2022年，区域港口平均每月完成集装箱吞吐量150万TEU，比2020年、2021年的143万TEU、146万TEU分别增长7万TEU和4万TEU（见图10）。

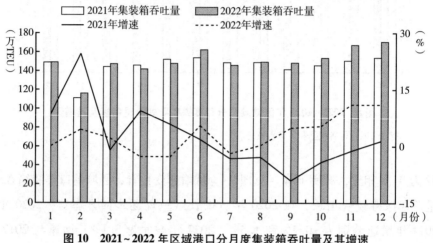

**图10　2021～2022年区域港口分月度集装箱吞吐量及其增速**

资料来源：交通运输部。

2022年，东南沿海区域港口完成矿建材料吞吐量1.74亿吨，与2021年的1.49亿吨相比，净增0.25亿吨，与2016年以来的净增量均值0.11亿吨相比，出现了较大增长（见图11）。从增速变化看，近几年区域港口矿建材料吞吐量总体保持快速增长，2020年、2021年同比增速分别为31.4%和59.7%；2022年同比增速为17.3%，与2017～2022年增速均值11.2%相比，进一步提高。

从月度变化看，东南沿海区域港口矿建材料吞吐量月度同比增速均处于较高水平。2022年上半年月度增速均值为26.1%，下半年为14.9%，下半年月度增速均值比上半年下降11.2个百分点。从绝对值看，2022年，区域港口平均每月完成矿建材料吞吐量1453万吨，比2020年、2021年的966万吨、1239万吨分别增长497万吨和214万吨（见图12）。

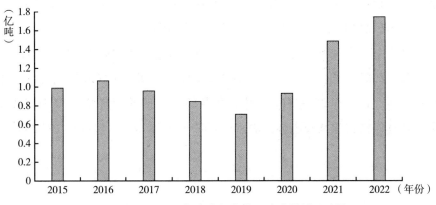

**图11　2015～2022年东南沿海港口矿建材料吞吐量**

资料来源：作者根据相关资料整理。

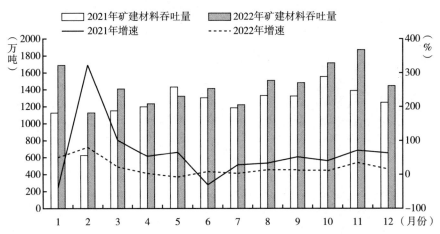

**图12　2021～2022年东南沿海港口分月度矿建材料吞吐量及其增速**

资料来源：作者根据相关资料整理。

# 三　2023年展望

　　展望2023年，预计东南沿海区域经济将呈现恢复性增长，增速在2022年（4.7%）的基础上将回升至5%以上。其中，固定资产投资继续保持较

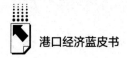
快增长，预计增速在6%左右；社会消费品零售总额增速将比2022年明显加快；进出口总额继续保持增长，增速预计比2022年有所放缓。

基于上述宏观形势的判断，预计东南沿海港口货物吞吐量将继续保持稳步增长，2023年将完成7.3亿吨左右，增速与2022年（3.2%）相比可能略有放缓，预计在2%左右。其中，集装箱吞吐量预计完成1850万TEU以上，继续保持稳步增长态势，增速与2022年基本持平，保持在3%左右。

# B.12
# 2022年珠三角港口经济运行分析
# 与2023年展望

刘长俭　黄　川　高天航　周齐齐*

**摘　要：** 在回顾珠三角港口主要腹地经济产业发展特点的基础上，重点分析了珠三角地区港口货物吞吐量和煤炭、集装箱等货类吞吐量的增长变化规律，同时分析了吞吐量的月度变化特征。综上分析，利用相关预测方法，综合预计2023年珠三角地区港口货物吞吐量将终止下滑势头，实现正增长，货物吞吐量规模保持在15亿吨左右。其中，集装箱吞吐量将继续保持增长，完成0.65亿TEU，2023年增速比2022年有所加快，预计在2%左右。

**关键词：** 珠三角　港口经济运行　吞吐量

## 一　珠三角地区经济产业运行概述

受疫情等因素影响，珠三角地区经济增速放缓，投资、消费增速均出现明显下滑，其中，投资出现负增长。在国际产业链逐步恢复、需求逐步得到满足、2021年高基数增长等背景下，2022年珠三角地区进出口额出现明显下滑。2022年，珠三角地区港口（指广东省沿海港口，不含湛江港，下同）

---

＊ 刘长俭，交通运输部规划研究院运输经济室主任，高级工程师，经济学博士；黄川，交通运输部规划研究院，博士后；高天航，交通运输部规划研究院高级工程师；周齐齐，中交第四航务工程勘察设计院有限公司经济师。以上作者研究方向均为运输经济和水运规划等。

主要腹地（指广东省，下同）完成 GDP 12.9 万亿元，同比增长 1.9%，增速分别比 2020 年和 2021 年下降 0.4 个百分点和 6.2 个百分点；固定资产投资额完成 4.8 万亿元，同比下降 2.6%，增速比 2020 年、2021 年分别下降 9.8 个和 8.9 个百分点；全社会消费品零售额完成 4.5 万亿元，同比增长 1.6%，2020 年、2021 年同比增速分别为 -6.4% 和 9.9%，增速也明显放缓；外贸进出口额完成 1.43 万亿美元，同比下降 3.2%，2020 年、2021 年同比增速分别为 1.9% 和 22.3%（见表 1）。

表 1    2016~2022 年珠三角地区主要腹地主要经济指标增速变化

单位：%

| | 2016 年 | 2017 年 | 2018 年 | 2019 年 | 2020 年 | 2021 年 | 2022 年 |
|---|---|---|---|---|---|---|---|
| GDP 可比价 | 7.5 | 7.5 | 6.8 | 6.2 | 2.3 | 8.1 | 1.9 |
| 固定资产投资额 | 7.5 | 10.0 | 10.7 | 11.1 | 7.2 | 6.3 | -2.6 |
| 全社会消费品零售额 | 9.8 | 9.9 | 8.7 | 8.0 | -6.4 | 9.9 | 1.6 |
| 外贸额 | -9.0 | 5.0 | 8.8 | -2.2 | 1.9 | 22.3 | -3.2 |

资料来源：作者根据相关资料整理。

2022 年，珠三角地区经济增速放缓，成品油、用电等工业产品需求走弱，原油加工量、发电量增速大幅下滑，房地产行业在需求、价格等因素影响下，投资增速出现大幅下降。珠三角地区港口主要腹地完成生铁产量 0.24 亿吨，同比增长 17.9%，增速比 2021 年提高 22.8 个百分点；完成粗钢产量 0.36 亿吨，同比增长 12.4%，增速比 2021 年提高 18.4 个百分点；完成原油加工量 0.66 吨，同比下降 2.7%，与 2021 年 8.5% 的同比增速相比，下降 11.2 个百分点；完成发电量 0.61 万亿千瓦时，同比下降 3.2%，与 2021 年 20.7% 的同比增速相比，大幅放缓，其中，火力发电量 0.44 万亿千瓦，同比下降 4.1%，增速与 2021 年相比，下滑 32.6 个百分点；房地产行业完成投资额 1.50 万亿元，同比下降 14.3%，与 2021 年相比，下降 15.2 个百分点（见表 2）。

表2 2016~2022年珠三角地区港口主要腹地典型产业指标增速变化

单位：%

| | 2016年 | 2017年 | 2018年 | 2019年 | 2020年 | 2021年 | 2022年 |
|---|---|---|---|---|---|---|---|
| 生铁产量 | 45.7 | 21.2 | -0.4 | 3.5 | 3.5 | -4.9 | 17.9 |
| 粗钢产量 | 29.6 | 26.6 | -0.4 | 12.1 | 4.7 | -6.0 | 12.4 |
| 原油加工量 | 3.0 | 3.1 | 13.7 | -5.1 | 11.2 | 8.5 | -2.7 |
| 发电量 | 5.7 | 5.6 | 4.3 | 7.6 | 3.5 | 20.7 | -3.2 |
| 火力发电量 | 2.3 | 12.0 | 4.2 | -1.0 | 4.9 | 28.5 | -4.1 |
| 房地产行业投资额 | 20.7 | 17.2 | 19.3 | 10.0 | 9.2 | 0.9 | -14.3 |

资料来源：作者根据相关资料整理。

## 二 珠三角地区港口吞吐量变化特征

2022年，珠三角地区港口完成货物吞吐量15.0亿吨，与2021年的15.6亿吨相比，下降0.6亿吨，与2016年以来的净增量均值0.45亿吨相比，明显下降。从增速变化看，地区港口货物吞吐量同比增速总体呈现放缓走势，由2017年10.1%的较高增速，不断降至2022年的-3.8%，比2017~2022年增速均值3.5%低7.3个百分点（见图1）。

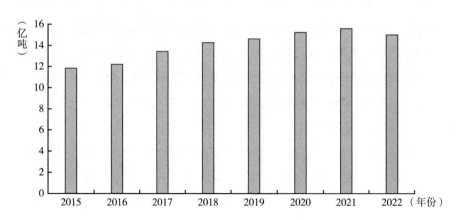

图1 2015~2022年珠三角地区港口货物吞吐量变化

资料来源：交通运输部。

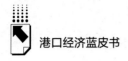

从月度变化看，受疫情、市场需求等因素影响，珠三角地区港口货物吞吐量月度同比增速呈现前低后高、上下半年均为负增长的特征。2022年上半年月度增速均值为-6.7%，下半年为-0.5%，下半年降幅有所收窄。从绝对值看，2022年，地区港口平均每月完成货物吞吐量1.25亿吨，比2020年、2021年的1.27亿吨、1.30亿吨分别下降0.02亿吨、0.05亿吨（见图2）。

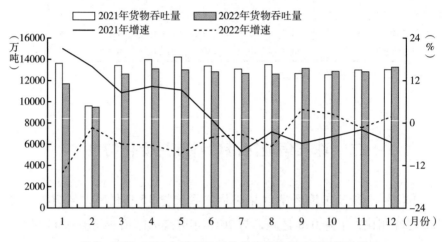

**图2  2021~2022年地区港口分月度货物吞吐量及其增速**

资料来源：交通运输部。

2022年，珠三角地区港口完成煤炭吞吐量2.5亿吨，与2021年的2.7亿吨相比，下降0.2亿吨，与2016年以来的净增量均值0.05亿吨相比，净增量由正转负。从增速变化看，地区港口煤炭吞吐量增速总体呈现波动变化，2017年、2021年同比增速分别为10.8%和17.5%，2020年和2022年分别为-6.9%和-8.9%，2022年同比增速比2017~2022年增速均值2.7%低11.6个百分点（见图3）。

从月度变化看，受下游需求减弱等因素影响，珠三角地区港口煤炭吞吐量月度同比增速呈现大部分为负的特征。2022年上半年月度增速均值为-10.7%，下半年为-7.2%，下半年降幅比上半年有所收窄。从绝对值看，2022年，地区港口平均每月完成煤炭吞吐量2048万吨，比2020年、2021年的1913万吨和2248万吨分别增加135万吨和下降200万吨。

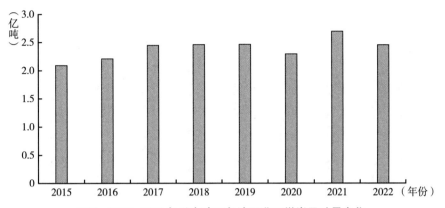

**图3 2015~2022年以来珠三角地区港口煤炭吞吐量变化**

资料来源：作者根据相关资料整理。

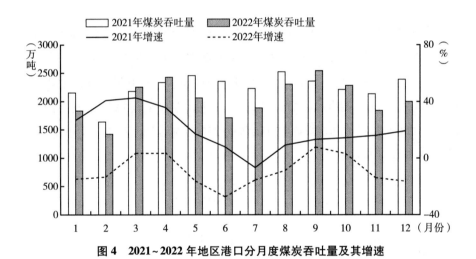

**图4 2021~2022年地区港口分月度煤炭吞吐量及其增速**

资料来源：作者根据相关资料整理。

2022年，珠三角地区港口完成原油外贸进港量0.33亿吨，与2021年的0.38亿吨相比，同比减少0.05亿吨，与2016年以来的净增量均值0.011亿吨相比，净增量由正转负。从增速变化看，地区港口原油外贸进港量增速波动较大，2018年同比增速高达29.7%，2019年为同比下降6.0%；2022年同比增速为-13.1%，与2017~2022年增速均值3.8%低19.9个百分点，由较快正增长变为大幅下降（见图5）。

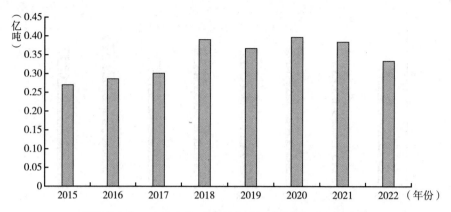

图 5　2015~2022 年珠三角地区港口原油外贸进港量变化

资料来源：作者根据相关资料整理。

从月度变化看，受国际形势、市场需求和价格等因素影响，珠三角地区港口原油外贸进港量月度同比增速总体呈现大幅下降的变化特点。2022 年上半年月度增速均值为-9.0%，下半年为-14.0%，下半年降幅比上半年扩大 5.0 个百分点。从绝对值看，2022 年，地区港口平均每月完成原油外贸进港量 278 万吨，比 2020 年、2021 年的 331 万吨、320 万吨分别下降 53 万吨和 42 万吨（见图 6）。

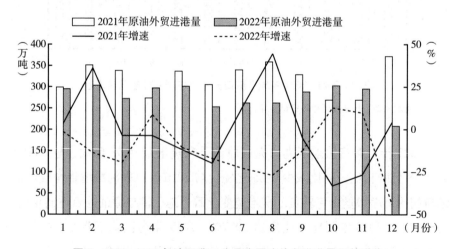

图 6　2021~2022 年地区港口分月度原油外贸进港量及其增速

资料来源：作者根据相关资料整理。

2022 年，珠三角地区港口完成铁矿石外贸进港量 1811 万吨，与 2021 年的 1514 万吨相比，净增 297 万吨，与 2016 年以来的净增量均值 75 万吨相比，明显增长。从增速变化看，地区港口铁矿石外贸进港量 2021 年、2022 年同比增速分别为 -16.4% 和 19.6%，与 2017~2022 年增速均值 6.1% 相比，增速波动幅度较大（见图 7）。增速波动变化大，主要是该区域铁矿石进港量规模较小，很小的增长变化就会带来较大的增速变化。

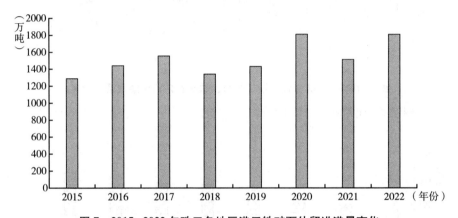

**图 7　2015~2022 年珠三角地区港口铁矿石外贸进港量变化**

资料来源：作者根据相关资料整理。

从月度变化看，受市场波动、需求变化等因素影响，珠三角地区港口铁矿石外贸进港量月度同比增速呈现上、下半年先低后高的特征。2022 年上半年月度增速均值为 -8.3%，下半年为 60.7%，下半年月度增速均值出现大幅回升。从绝对值看，2022 年，地区港口平均每月完成铁矿石外贸进港量 151 万吨，比 2020 年、2021 年的 151 万吨、126 万吨分别增加 0 万吨和 25 万吨（见图 8）。

2022 年，珠三角地区港口完成集装箱吞吐量 0.63 亿 TEU，与 2021 年相比总体保持基本不变，与 2016 年以来的净增量均值 0.02 亿 TEU 相比出现下降。从增速变化看，地区港口集装箱吞吐量总体保持增长，2020 年、2021 年同比增速分别为 1.0% 和 6.4%；2022 年增速为 0.8%，增速与 2017~2022 年增速均值 3.9% 相比，明显放缓（见图 9）。

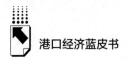

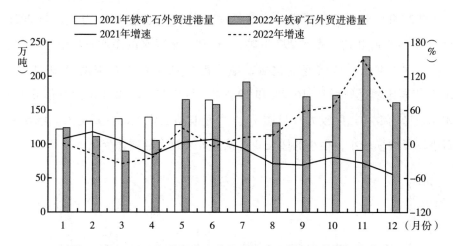

**图8 2021~2022年地区港口分月度铁矿石外贸进港量及其增速**

资料来源：作者根据相关资料整理。

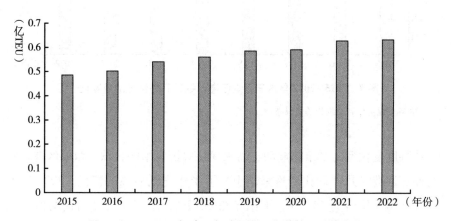

**图9 2015~2022年珠三角地区港口集装箱吞吐量变化**

资料来源：交通运输部。

从月度变化看，珠三角地区港口集装箱吞吐量月度同比增速总体呈现先低后高的变化特征。2022年上半年月度增速均值为-0.5%，下半年为2.1%，下半年月度增速均值比上半年加快2.6个百分点。从绝对值看，2022年，地区港口平均每月完成集装箱吞吐量528万TEU，比2020年、2021年的493万TEU、524万TEU分别增长35万TEU和4万TEU（见图10）。

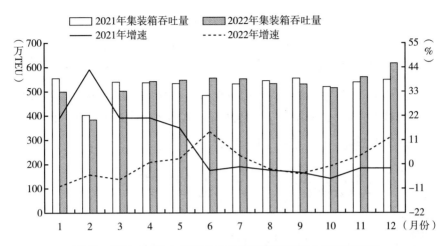

**图10 2021~2022年地区港口分月度集装箱吞吐量及其增速**

资料来源：交通运输部。

2022年，珠三角地区港口完成矿建材料吞吐量1.5亿吨，与2021年的1.6亿吨相比，下降0.1亿吨，与2016年以来的净增量均值0.04亿吨相比，呈现一定规模下降。从增速变化看，地区港口矿建材料吞吐量总体波动较大，2019年和2020年的增速分别为27.6%和18.6%，2021年和2022年的增速分别为-23.6%和-8.4%，增速与2017~2022年增速均值5.0%相比明显放缓（见图11）。

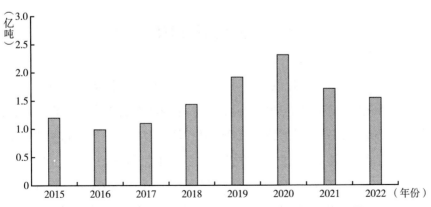

**图11 2015~2022年珠三角地区沿海港口矿建材料吞吐量**

资料来源：作者根据相关资料整理。

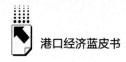

从月度变化看，受下半年基础设施建设投资拉动等因素影响，珠三角沿海地区港口矿建材料吞吐量月度同比增速总体呈现前低后高趋势。2022年上半年，月度增速均值为-21.5%，下半年为16.3%，下半年月度增速均值比上半年加快37.8个百分点。从绝对值看，2022年，地区港口平均每月完成矿建材料吞吐量1236万吨，比2020年、2021年的1687万吨、1350万吨分别下降451万吨、114万吨（见图12）。

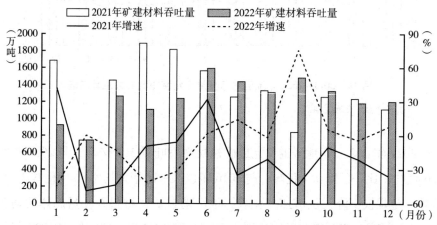

**图12  2021~2022年珠三角地区沿海港口分月度矿建材料吞吐量及其增速**

资料来源：作者根据相关资料整理。

## 三  2023年展望

预计2023年，广东省经济将呈现明显的恢复性增长态势，同比增速预计回升至5%左右。其中，固定资产投资增速预计将实现由负转正；社会消费品零售总额增速将明显加快，呈现恢复性增长态势；进出口总额增速将由负转正，但考虑国际市场需求的不确定性，预计增速将保持低位。

基于上述宏观形势的判断，预计2023年珠三角地区沿海港口货物吞吐量将实现正增长，保持15亿吨左右的规模；其中，集装箱吞吐量将保持增长态势，预计完成0.65亿TEU，同比增速比2022年有所提高，将为2%左右。

# B.13
# 2022年西南沿海港口经济运行分析
# 与2023年展望

刘长俭　黄川　于汛然　田佳*

**摘　要：** 在简要总结西南沿海港口主要腹地经济产业发展特点的基础上，重点分析了西南沿海港口货物吞吐量和煤炭、集装箱、矿建材料等货类吞吐量的增长变化规律，同时分析了吞吐量的月度变化特征。综上分析，利用相关预测模型，综合预测2023年西南沿海区域港口货物吞吐量增速有可能由负转正，完成规模为8.2亿吨左右，同比增速预计在1%左右。其中，集装箱吞吐量将继续保持较快增长，完成集装箱吞吐量1350万TEU左右，增速保持在10%左右的水平。

**关键词：** 西南沿海　港口经济运行　吞吐量

## 一　西南沿海港口主要腹地经济产业运行概述

面对严峻的国际环境和疫情反复等多重因素冲击，西南沿海区域经济增速明显放缓。投资、消费增速在多重因素的影响下均出现明显下滑，表现为负增长。在国际产业链逐步恢复和外贸需求不稳定等因素影响下，西南沿海

* 刘长俭，交通运输部规划研究院运输经济室主任，高级工程师，经济学博士；黄川，交通运输部规划研究院，博士后；于汛然，交通运输部规划研究院工程师；田佳，交通运输部规划研究院水运所副所长，高级工程师，博士。以上作者主要研究方向均为运输经济和水运规划等。

区域进出口总额增速明显下滑，但整体仍保持较快增长。2022 年，西南沿海港口（包含湛江港、广西沿海港口和海南沿海港口，下同）主要腹地（指广西、海南两省，下同）完成 GDP3.3 万亿元，同比增长 2.3%，增速比 2020 年、2021 年分别下降 1.4 个和 6.3 个百分点；固定资产投资额完成 2.8 万亿元，同比下降 0.5%，增速比 2020 年、2021 年分别下降 5.2 个和 8.4 个百分点；全社会消费品零售额完成 1.1 万亿元，同比下降 2.1%，2020 年、2021 年同比增速分别为-3.4% 和 12.5%；外贸额完成 0.13 万亿美元，同比增长 12.3%，2020 年、2021 年同比增速分别为 0.9% 和 44.3%（见表 1）。

表 1　2016~2022 年西南沿海港口主要腹地主要经济指标增速变化

单位：%

|  | 2016 年 | 2017 年 | 2018 年 | 2019 年 | 2020 年 | 2021 年 | 2022 年 |
|---|---|---|---|---|---|---|---|
| GDP 可比价 | 7.1 | 7.1 | 6.6 | 6.0 | 3.7 | 8.6 | 2.3 |
| 固定资产投资额 | 8.2 | 5.5 | 6.5 | 6.7 | 4.7 | 7.9 | -0.5 |
| 全社会消费品零售额 | 10.0 | 11.0 | 8.5 | 6.7 | -3.4 | 12.5 | -2.1 |
| 外贸额 | -9.2 | 18.1 | 19.0 | 4.7 | 0.9 | 44.3 | 12.3 |

资料来源：作者根据相关资料整理。

2022 年，受疫情等因素的影响，区域经济增长乏力，钢材、成品油等工业产品需求走弱，除粗钢和原油加工量保持增长外，发电量等工业产品出现不同程度下降；房地产行业在供需关系的影响下，投资额降幅明显加大。西南沿海港口主要腹地完成生铁产量 0.3 亿吨，与 2021 年相比基本持平；粗钢产量 0.38 亿吨，同比增长 3.6%，增速比 2021 年下降 2.4 个百分点；原油加工量 0.25 亿吨，同比下降 11.9%，增速由 2021 年的正增长转为负增长；发电量 0.24 万亿千瓦，同比下降 2.8%，增速由 2021 年的正增长转为负增长，其中，火力发电量 0.13 万亿千瓦，同比下降 7.3%，增速比 2021 年下滑 19.8 个百分点；房地产行业完成投资额 0.35 万亿元，同比下降 32.2%，降幅比 2021 年扩大 30.8 个百分点（见表 2）。

表2 2016～2022年西南沿海区域港口主要腹地典型产业指标增速变化

单位：%

|  | 2016年 | 2017年 | 2018年 | 2019年 | 2020年 | 2021年 | 2022年 |
|---|---|---|---|---|---|---|---|
| 生铁产量 | -0.3 | 7.7 | 10.4 | 1.3 | -0.6 | 106.9 | -0.1 |
| 粗钢产量 | -1.5 | 6.0 | -0.2 | 17.7 | 29.7 | 6.0 | 3.6 |
| 原油加工量 | -3.4 | 3.5 | 4.6 | 4.4 | -13.1 | 17.6 | -11.9 |
| 发电量 | 4.7 | 4.1 | 22.1 | 5.6 | 5.7 | 6.8 | -2.8 |
| 火力发电量 | 3.2 | 5.0 | 26.9 | 18.1 | 4.8 | 12.5 | -7.3 |
| 房地产行业投资额 | 15.8 | 13.2 | -0.4 | 9.1 | 0.7 | -1.4 | -32.2 |

资料来源：作者根据相关资料整理。

## 二 西南沿海区域港口吞吐量变化特征

2022年，西南沿海区域港口完成货物吞吐量8.1亿吨，与2021年相比，同比净增量为负值，与2016年以来的净增量均值0.34亿吨相比，净增量明显下降。从增速变化看，区域港口货物吞吐量增速总体呈现波动变化走势，由2017年9.3%的较高增速下降到2019年的-6.5%增速，再增加到2021年12.1%的增速；2022年同比增速为-0.5%，其与2017～2022年增速均值5.3%相比，放缓5.8个百分点（见图1）。

从月度变化看，西南沿海区域港口货物吞吐量月度同比增速多次出现下降。2022年上半年月度增速均值为-0.4%，下半年为-0.6%，下半年降幅有所扩大。从绝对值看，2022年，区域港口平均每月完成货物吞吐量6776万吨，比2020年、2021年的6071万吨和6812万吨分别增长705万吨和下降36万吨（见图2）。

2022年，西南沿海区域港口完成煤炭吞吐量1.15亿吨，与2021年相比下降0.09亿吨，与2016年以来的净增量均值0.05亿吨相比净增量由正转负。从增速变化看，区域港口煤炭吞吐量增速总体呈现波动变化，2020年、2021年同比增速分别为4.5%和20.7%；2022年同比增速为-7.5%，比2017～2022年增速均值5.3%低12.8个百分点（见图3）。

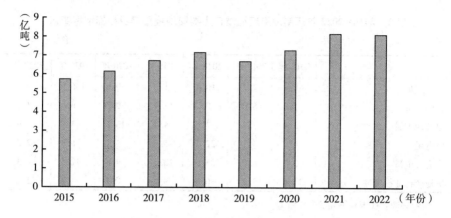

**图1　2015~2022年西南沿海区域港口货物吞吐量变化**

资料来源：交通运输部。

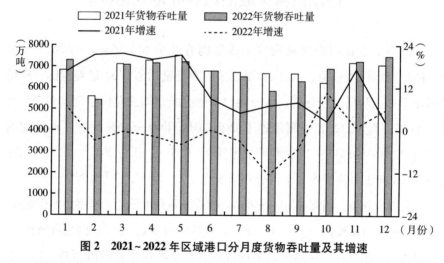

**图2　2021~2022年区域港口分月度货物吞吐量及其增速**

资料来源：交通运输部。

从月度变化看，西南沿海区域港口煤炭吞吐量月度同比增速上下半年均为负增长。2022年上半年月度增速均值为-11.4%，下半年为-3.7%，下半年降幅明显收窄。从绝对值看，2022年，区域港口平均每月完成煤炭吞吐量959万吨，比2020年、2021年的858万吨和1036万吨分别增长101万吨和下降77万吨（见图4）。

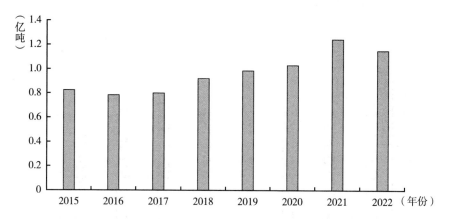

**图3　2015～2022年西南沿海区域港口煤炭吞吐量变化**

资料来源：作者根据相关资料整理。

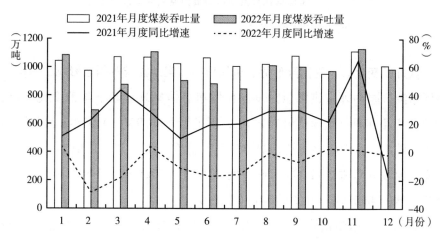

**图4　2021～2022年区域港口分月度煤炭吞吐量及其增速**

资料来源：作者根据相关资料整理。

2022年，西南沿海区域港口完成原油外贸进港量0.47亿吨，与2021年的0.48亿吨相比，减少0.01亿吨，与2016年以来的净增量均值0.01亿吨相比，净增量由正转负。从增速变化看，区域港口原油外贸进港量增速波动较大，2021年同比增速高达15.6%，2022年为同比下降2.0%，2022年

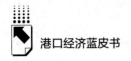

增速与 2017～2022 年增速均值（2.9%）相比，由正转负，出现下降（见图 5）。

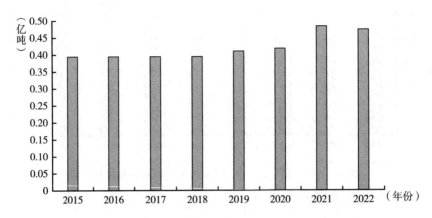

**图 5　2015～2022 年西南沿海区域港口原油外贸进港量变化**

资料来源：作者根据相关资料整理。

从月度变化看，受国际形势、市场价格、腹地需求等因素影响，西南沿海区域港口原油外贸进港量月度同比增速总体呈现波动下降的变化特点。2022 年上半年月度增速均值为 2.1%，下半年为-3.9%，下半年月度增速均值由正转负，呈现明显下滑趋势。从绝对值看，2022 年，区域港口平均每月完成原油外贸进港量 395 万吨，比 2020 年、2021 年的 349 万吨、403 万吨分别增长 46 万吨、下降 8 万吨（见图 6）。

2022 年，西南沿海区域港口完成铁矿石外贸进港量 0.99 亿吨，与 2021 年相比，净增 0.04 亿吨，与 2016 年以来的净增量均值 0.07 亿吨相比，呈现小幅度下降。从增速变化看，区域港口铁矿石外贸进港量连续多年保持正增长，年度间波动较大，2021 年、2022 年增速分别为 6.9% 和 4.2%，2022 年增速与 2017～2022 年增速均值 10.5% 相比，增速明显放缓（见图 7）。

从月度变化看，受国内疫情、供给和需求等因素影响，西南沿海区域港口铁矿石外贸进港量月度同比增速呈现先增后降的特征。2022 年上半年，

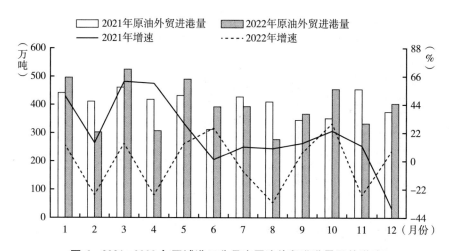

**图6 2021~2022年区域港口分月度原油外贸进港量及其增速**

资料来源：作者根据相关资料整理。

月度增速均值为17.9%，下半年为-4.9%，下半年增长动力明显减弱，部分月份呈现大幅下降。从绝对值看，2022年，区域港口平均每月完成铁矿石外贸进港量828万吨，比2020年、2021年的743万吨、795万吨分别增加85万吨和33万吨（见图8）。

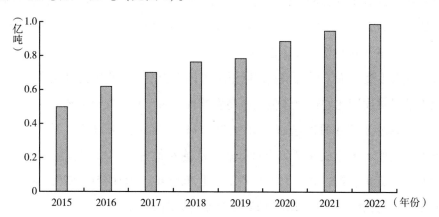

**图7 2015~2022年西南沿海区域港口铁矿石外贸进港量变化**

资料来源：作者根据相关资料整理。

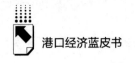

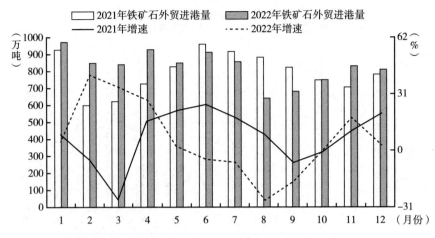

**图8　2021~2022年区域港口分月度铁矿石外贸进港量及其增速**

资料来源：作者根据相关资料整理。

　　2022年，西南沿海区域港口完成集装箱吞吐量1247万TEU，与2021年的1076万TEU相比，总体保持较快增长，净增171万TEU，与2016年以来的净增量均值127万TEU吨相比，净增量进一步增加。从增速变化看，区域港口集装箱吞吐量总体保持快速增长势头，2020年、2021年同比增速分别为21.8%和16.0%；2022年同比增速为15.9%，与2017~2022年增速均值19.7%相比有所放缓，但仍保持快速增长（见图9）。

　　从月度变化看，受疫情、国际形势等因素影响，西南沿海区域港口集装箱吞吐量月度同比增速总体呈现前高后低再提高、月度间波动较大的变化特征。2022年上半年月度增速均值为20.3%，下半年为12.6%，下半年月度增速均值比上半年放缓7.7个百分点。从绝对值看，2022年，区域港口平均每月完成集装箱吞吐量104万TEU，比2020年、2021年的77万TEU、90万TEU分别增长27万TEU和14万TEU（见图10）。

　　2022年，西南沿海区域港口完成矿建材料吞吐量0.39亿吨，与2021年的0.31亿吨相比，净增0.08亿吨，与2016年以来的净增量均值0.02亿吨相比，净增量进一步增加。从增速变化看，近年来，区域港口矿建材料吞

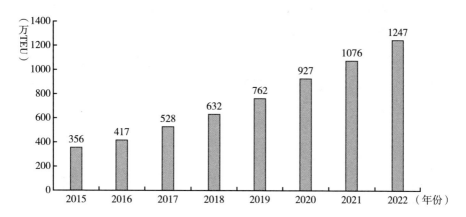

**图9  2015~2022年西南沿海区域港口集装箱吞吐量变化**

资料来源：交通运输部。

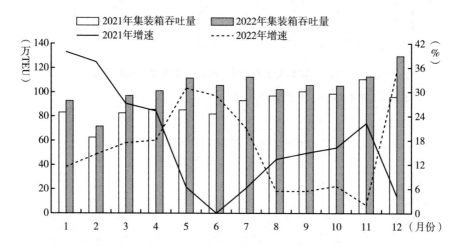

**图10  2021~2022年区域港口分月度集装箱吞吐量及其增速**

资料来源：交通运输部。

吐量总体保持较快增长，2020年、2021年同比增速分别为19.2%和12.4%；2022年同比增速为27.1%，与2017~2022年增速均值10.2%相比，大幅度提升（见图11）。

从月度变化看，受基础设施建设投资拉动等因素影响，西南沿海区域港口矿建材料吞吐量月度同比增速处于高位运行态势。2022 年上半年月度增速均值为 19.0%，下半年为 34.9%，下半年月度增速均值比上半年提高 15.9 个百分点。从绝对值看，2022 年，区域港口平均每月完成矿建材料吞吐量 329 万吨，比 2020 年、2021 年的 255 万吨、259 万吨分别增长 74 万吨和 70 万吨（见图 12）。

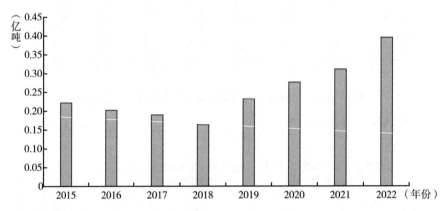

**图 11  2015~2022 年西南沿海区域港口矿建材料吞吐量变化**

资料来源：作者根据相关资料整理。

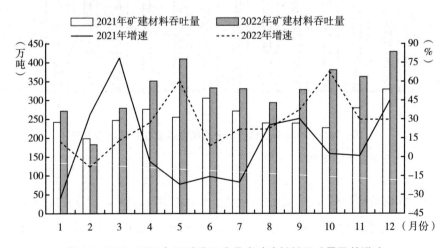

**图 12  2021~2022 年区域港口分月度矿建材料吞吐量及其增速**

资料来源：作者根据相关资料整理。

# 三 2023年展望

预计2023年，西南沿海经济将呈现恢复性增长，增速在2022年（2.3%）的基础上明显回升，有望升至5%以上。其中，固定资产投资增速预计将实现正增长；社会消费品零售总额增速将由负转正；进出口总额将保持增长态势，但增速与2022年持平。

基于上述宏观形势的判断，预计2023年西南沿海港口货物吞吐量增速将实现由负转正，完成规模在8.2亿吨左右，增速在1%左右；其中，集装箱吞吐量将保持较快增长，完成集装箱吞吐量1350万TEU左右，增速保持在10%左右。

# B.14
# 2022年内河港口经济运行分析
# 与2023年展望

魏雪莲　任　静　沈益华*

**摘　要：** 2022年我国经济承压前行，内河港口生产总体保持稳定，完成货物吞吐量同比略有下降，主要区域内河港口发挥着重要的经济支撑作用，内河港口货物吞吐量主要集中在长江水系、珠江水系和京杭运河等水运发达区域；吞吐量货类构成中煤炭、矿石、矿建材料等干散货占主体地位。2023年在我国内需经济和国内消费升级的促进下，内河港口的发展还有进一步提升的空间，内河航运将在综合运输体系中发挥更大的作用，其地位也将逐步提高，预计2023年内河港口货物吞吐量增速为3.5%。

**关键词：** 内河港口　货物吞吐量　区域分布

## 一　总体情况

内河港口范围不包含长江南京以下8港（南京、镇江、苏州、南通、常州、江阴、扬州及泰州）；长江干线内河港口不含长江南京以下8港，考虑少数干线港口没有单独统计，因此长江干线内河港口吞吐量为有单独统计数据港口的合计数。

---

\* 魏雪莲，交通运输部规划研究院高级工程师；任静，交通运输部规划研究院高级工程师；沈益华，交通运输部规划研究院水运所总工程师。以上作者研究方向均为运输经济和水运规划等。

## （一）经济发展展现强大韧性和巨大潜力，内河港口生产趋于稳定

2022年，我国以科学之策应对非常之难，一手抓疫情防控，一手抓经济发展；在党中央决策部署下，实施稳经济一揽子政策和接续措施，各地区各部门迅即行动，扎实落实。2022年，第二季度前期经济明显下滑、后期扭转下滑态势，第三季度总体恢复向好，第四季度抓住窗口期进一步回稳向上。顶住疫情反复和俄乌冲突等超预期因素冲击，中国经济画出一条"V"形复苏曲线，全年经济总量超过120万亿元，粮食产量连续8年保持在1.3万亿斤以上，在全球高通胀背景下物价总水平保持稳定，粮食安全、能源安全和人民生活得到有效保障，经济展现强大韧性和巨大潜力。总体来看，2022年我国经济承压前行，发展质量稳步提升，社会大局保持稳定；同期我国内河港口完成货物吞吐量约33.3亿吨，同比略有下降，降幅为0.5%（见图1）。

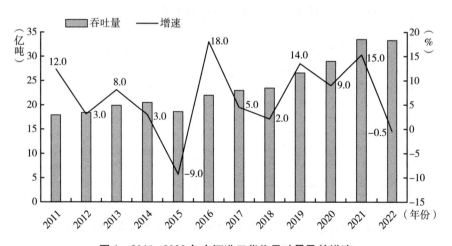

**图1　2011~2022年内河港口货物吞吐量及其增速**

资料来源：交通运输部。

分季度看，2022年内河港口各季度货物吞吐量同比增速整体呈波动上升态势，第一至第四季度同比增速分别为-0.7%、-5.7%、1.2%和3.0%，与同期GDP增速的变动趋势基本一致（见图2和图3）。

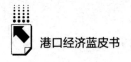

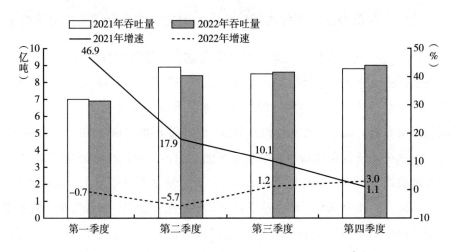

**图2 2021～2022年内河港口分季度货物吞吐量及其增速**

资料来源：交通运输部。

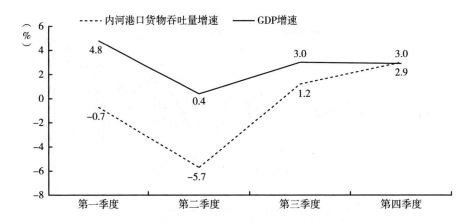

**图3 2022年内河港口分季度货物吞吐量增速与同期GDP增速**

资料来源：国家统计局、交通运输部。

## （二）内河港口外贸货物吞吐量维持稳定

2021～2022年，内河港口外贸货物吞吐量维持在8000万～9000万吨，

2022年完成8435万吨，同比微降0.6%。2022年全国内河港口外贸货物吞吐量及增速情况如图4所示。分季度看，第一至第四季度内河港口外贸货物吞吐量同比增速分别为0.2%、−1.6%、1.5%和−2.3%（见图5）。

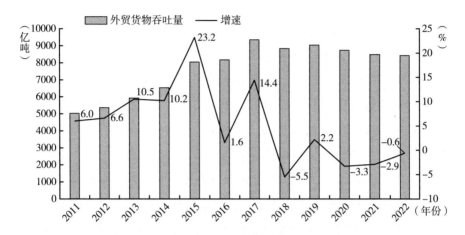

**图4 2011～2022年全国内河港口外贸货物吞吐量及增速**

资料来源：交通运输部。

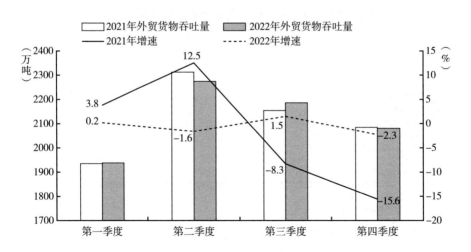

**图5 2021～2022年内河港口分季度外贸货物吞吐量及增速**

资料来源：交通运输部。

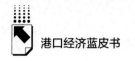

### （三）煤炭、矿石、矿建材料等干散货吞吐量占主体地位，滚装汽车吞吐量增长最为明显

从货物包装形态看，煤炭、矿石、矿建材料等干散货占主体地位，2022年内河港口完成干散货吞吐量23.3亿吨，占内河港口货物总吞吐量的70%。同期，内河港口分别完成液体散货、件杂货和集装箱吞吐量1.1亿吨、6.6亿吨和2.2亿吨（此处集装箱吞吐量已换算成亿吨），占内河港口货物吞吐量的比重分别为3%、20%和7%。2022年内河港口滚装汽车吞吐量仍延续上年的增长势头，增速达56.3%。承担滚装汽车运输较多的港口包括重庆、宜昌和武汉等港。

从货物主要品类看，2022年内河港口完成煤炭、石油制品等能源类货物吞吐量合计5.3亿吨（占比为16%），同比增长5.0%；矿产资源类货物吞吐量合计18.5亿吨（占比为56%），同比微增0.2%；机械设备及滚装汽车吞吐量达3196万吨（合计占比为1%），同比增长35.4%；钢铁、水泥、化肥等主要工业产品吞吐量完成5.2亿吨（合计占比为16%），同比下降2.4%。2021~2022年内河港口主要货类吞吐量构成情况见图6。

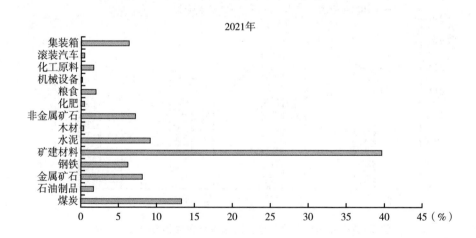

2022年

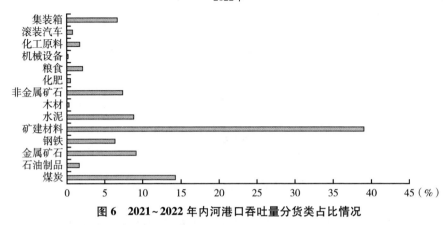

**图6 2021~2022年内河港口吞吐量分货类占比情况**

资料来源：作者根据相关资料整理。

## （四）三峡船闸连续多年超过设计通过能力，超负荷运行压力大

截至2022年底，三峡水电工程已累计发电达1.58万亿千瓦时，三峡船闸自2003年通航至今，通过三峡船闸、升船机的货运总量超过18亿吨，三峡工程在实现巨大清洁能源效益的同时，还实现了显著的防洪和航运效益。三峡船闸过坝货运量于2011年突破1亿吨，提前达到设计通过能力，并于

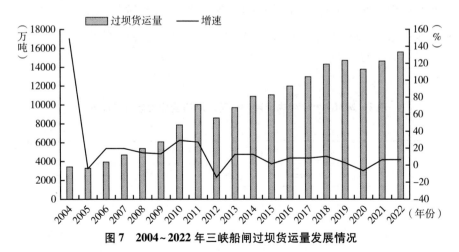

**图7 2004~2022年三峡船闸过坝货运量发展情况**

资料来源：长江三峡通航管理局。

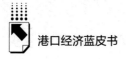

2019 年达到运行以来货运峰值，为近 1.5 亿吨规模，多年超负荷运营，压力不断加大。2020 年受疫情影响过坝货运量为 1.4 亿吨，较 2019 年略有下降，到 2021 年回升至 1.46 亿吨，2022 年进一步达到 1.56 亿吨，创历史新高（见图 7）。

## 二　分区域发展情况

### （一）内河港口吞吐量集中在长江、珠江水系及京杭运河通道上

按水系、运河通道考虑，将内河港口分为五大区域，分别为黑龙江水系、淮河水系、长江水系、珠江水系和京杭运河。从内河港口分区域吞吐量完成情况看，主要集中在长江、珠江水系和京杭运河等水运发达区域。2022 年长江水系、珠江水系及京杭运河内河港口分别完成货物吞吐量 20.2 亿吨、4.9 亿吨和 6.8 亿吨，分别较上年增长 1.2%、2.2% 和 -8.2%，占内河港口货物总吞吐量的比重分别为 61%、15% 和 20%。

从分区域内河港口外贸货物吞吐量完成情况看，主要集中在长江、珠江水系内河港口，2022 年分别完成 5146 万吨和 3031 万吨，占内河港口外贸货物吞吐量的比重分别为 61% 和 36%，与区域外向型经济发展水平基本一致。2021 年及 2022 年内河港口分区域吞吐量完成情况详见表 1。

表 1　2021~2022 年内河港口分区域港口货物吞吐量完成情况

单位：亿吨

| 主要区域 | 2021 年 | | 2022 年 | |
|---|---|---|---|---|
| | 总量 | 外贸 | 总量 | 外贸 |
| 合计 | 33.5 | 0.8 | 33.3 | 0.8 |
| 黑龙江水系 | 0.0 | 0.0 | 0.0 | 0.0 |
| 淮河水系 | 1.2 | 0.0 | 1.3 | 0.0 |
| 长江水系 | 20.0 | 0.5 | 20.2 | 0.5 |

| 主要区域 | 2021 年 | | 2022 年 | |
| --- | --- | --- | --- | --- |
| | 总量 | 外贸 | 总量 | 外贸 |
| 珠江水系 | 4.8 | 0.3 | 4.9 | 0.3 |
| 京杭运河 | 7.4 | 0.0 | 6.8 | 0.0 |

资料来源：交通运输部。

## （二）主要区域内河港口发挥着重要的经济支撑作用

黑龙江水系：主要满足本地矿建材料、煤炭等物资运输需求以及与俄罗斯边贸木材运输需求。2022 年，黑龙江水系内河港口完成货物吞吐量 363 万吨，同比下降 8.3%。其中 60% 由哈尔滨港完成，以服务本地物资流通为主，并以矿建材料居多，占哈尔滨港货物总吞吐量的 97%；其他散杂货完成 6 万吨，占比为 3%。黑河、肇源及佳木斯三港合计完成 143 万吨，港口货类构成以边境贸易的木材、煤炭、矿建材料及其他件杂货为主。

淮河水系：主要满足位于淮河水系区域的安徽、河南两省煤炭、矿建材料、水泥、粮食等具有本地产业特色的物资交流运输需求。2022 年，淮河水系内河港口完成货物吞吐量 1.3 亿吨，同比增长 7.1%，煤炭、金属矿石、矿建材料、非金属矿石、水泥、粮食等货物吞吐量合计为 1.2 亿吨。其中受沙颍河复航带动作用的持续影响，河南周口港货物吞吐量增长迅猛，由 2020 年的 382 万吨猛增到 2021 年及 2022 年的 2154 万吨及 2273 万吨，2022 年较上年增速为 5.5%，港口货类构成以粮食、煤炭、矿建材料、钢铁、化肥等为主。

长江水系：依托长江黄金水道支撑引领长江经济带高质量发展。长江水系覆盖区域广阔，2022 年，长江水系内河港口完成货物吞吐量 20 亿吨，与上年基本持平，同比增长 1.2%，内河港口在长江经济带高质量发展、产业转型升级和区域全方位对外开放中发挥了重要的支撑引领作用。其中长江干线内河港口完成货物吞吐量 13.6 亿吨，占长江水系内河港口货物总吞吐量

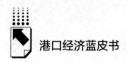

的 67%，为沿江地区经济、产业发展所需的煤炭和铁矿石等物资调入提供了重要运输保障，同时干线港口在集装箱、矿建材料、粮食、滚装汽车等运输中也发挥了重要作用，促进了沿江工业的繁荣，也提供了长江经济带城镇化进程中满足建材类物资消费需求的运输服务，并间接带动了生产性服务业等第三产业发展，是长江经济带发展战略实施的重要依托。

珠江水系：服务于广东、广西两省，是两广地区的主要出海通道之一。2022 年，珠江水系内河港口完成货物吞吐量 4.9 亿吨，同比增长 2.2%。其中，珠三角内河港口约完成货物吞吐量 2.1 亿吨，与上年水平相当；广西内河港口完成货物吞吐量 2.0 亿吨，同比下降 1.1%。

京杭运河：内河高等级航道中重要的纵向水运通道，并与长江黄金水道贯通，满足京杭运河沿线与长江沿线地区间及经长江干线沟通海港的物资交流运输需求。2022 年，京杭运河沿线港口完成货物吞吐量 6.8 亿吨，同比下降 8.2%，主要货类包括煤炭、矿石、矿建材料、水泥、钢铁等，合计达 6.0 亿吨，占京杭运河内河港口货物总吞吐量的 88%。

## 三　分港口发展情况

2022 年 28 个内河主要港口合计完成货物吞吐量 20.1 亿吨，同比下降 1.6%，占内河港口货物总吞吐量的比重为 60%，与 2021 年相比下降 1 个百分点。其中完成货物吞吐量超过 1 亿吨的港口共有 8 个，合计完成货物吞吐量 10.7 亿吨，占内河主要港口货物总吞吐量的 53%，与 2021 年相比下降 12 个百分点，详见表 2 和图 8。

表 2　2021~2022 年内河主要港口吞吐量完成情况

单位：亿吨

| 主要港口 | | 2021 年 | 2022 年 |
|---|---|---|---|
| 合　计 | | 20.4 | 20.1 |
| 1 | 泸州港 | 0.1 | 0.1 |

续表

| 主要港口 | | 2021 年 | 2022 年 |
|---|---|---|---|
| 合 | 计 | 20.4 | 20.1 |
| 2 | 重庆港 | 2.0 | 1.3 |
| 3 | 宜昌港 | 1.1 | 1.2 |
| 4 | 荆州港 | 0.4 | 0.7 |
| 5 | 武汉港 | 1.2 | 1.3 |
| 6 | 黄石港 | 0.5 | 0.7 |
| 7 | 长沙港 | 0.2 | 0.1 |
| 8 | 岳阳港 | 0.9 | 1.0 |
| 9 | 九江港 | 1.5 | 1.8 |
| 10 | 南昌港 | 0.4 | 0.3 |
| 11 | 芜湖港 | 1.3 | 1.4 |
| 12 | 安庆港 | 0.2 | 0.2 |
| 13 | 合肥港 | 0.4 | 0.4 |
| 14 | 蚌埠港 | 0.2 | 0.2 |
| 15 | 马鞍山港 | 1.1 | 1.2 |
| 16 | 济宁港 | 0.5 | 0.6 |
| 17 | 徐州港 | 0.5 | 0.5 |
| 18 | 无锡港 | 0.7 | 0.7 |
| 19 | 嘉兴港 | 1.3 | 1.3 |
| 20 | 杭州港 | 1.5 | 0.9 |
| 21 | 湖州港 | 1.3 | 1.3 |
| 22 | 南宁港 | 0.1 | 0.1 |
| 23 | 贵港港 | 1.0 | 0.8 |
| 24 | 梧州港 | 0.6 | 0.7 |
| 25 | 肇庆港 | 0.5 | 0.5 |
| 26 | 佛山港 | 0.9 | 0.9 |
| 27 | 哈尔滨港 | 0.0 | 0.0 |
| 28 | 佳木斯港 | 0.0 | 0.0 |

资料来源：交通运输部。

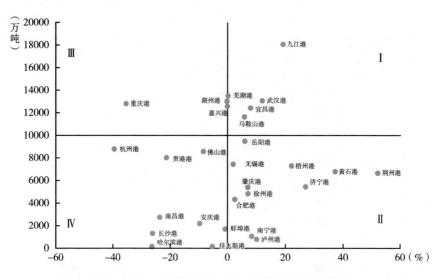

**图8　2022 年内河主要港口吞吐量及其增速矩阵图**

资料来源：交通运输部。

## 四　2023年的展望

展望 2023 年，在全球性大通胀、发达经济体收紧货币政策以及地缘冲突等负面因素影响下，全球经济大概率陷入衰退。而中国经济在疫情防控措施持续优化和"稳增长"的政策利好之下，有望在 2023 年走出独立向上行情，成为提升全球经济活力的重要力量。

初步判断在内需经济和国内消费升级的促进下，内河港口的发展还有进一步提升的空间。尤其是整体上处于工业化中期的中西部地区，通过进一步完善产业发展要素条件和交通基础设施等，将为更好地承接沿海产业转移提供良好的发展环境，区域经济发展前景广阔，对内河港口的货运需求潜力巨大。同时，在我国"双碳"经济新发展模式的背景下，绿色、环保、经济的内河航运将在综合交通运输体系中发挥更大的作用，其地位也将逐步提升。预计 2023 年内河港口吞吐量同比增速为 3.5%。

# 市场与投资篇

Market and Investment Section

## B.15

# 2022年国际航运市场发展回顾与2023年展望

孙平 徐力*

**摘 要：** 2022年，世界海运量为118.8亿吨，比2021年下降0.7%。其中，干散货和集装箱运量有所减少，液体散货和件杂货及其他运量有所增加。世界海运运力同比增长3.2%，运价从高位大幅回落。2022年，我国外贸海运量占世界海运量的比重达28.3%，排名第一。展望2023年，预计国际航运市场运输需求将逐渐恢复。

**关键词：** 国际航运 海运运力 海运需求

---

* 孙平，交通运输部规划研究院高级工程师；徐力，交通运输部规划研究院水运所总工程师。以上作者研究方向均为运输经济和水运规划等。

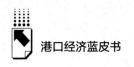

# 一 2022年回顾

## （一）运量微降，运力小幅增长

2022 年世界海运量为 118.8 亿吨，比 2021 年下降 0.7%。而 2021 年世界海运量同比增长了 3.3%，已恢复到新冠疫情发生前 2019 年的水平。分货类看，2022 年，干散货运量较上年减少 1.4 亿吨，同比下降 2.7%；液体散货运量较上年增加 1.3 亿吨，同比增长 3.5%；集装箱运量较上年减少 0.6 亿吨，同比下降 3.5%；件杂货及其他较上年增长 0.01 亿吨，同比增长 0.1%（见图 1）。

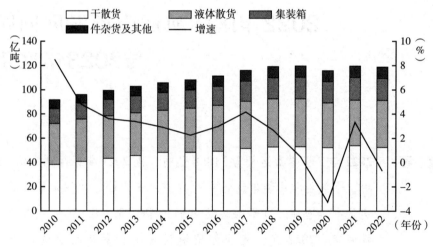

**图 1　2010~2022 年分货类世界海运量及增速**

资料来源：Clarkson。

2022 年世界海运周转量为 93.9 万亿吨公里，比 2021 年减少 0.7 万亿吨公里，同比下降 0.8%，而 2021 年世界海运周转量同比增长了 3.2%。分货类看，2022 年，干散货海运周转量比 2021 年减少 0.9 万亿吨公里，同比下降 1.9%；液体散货海运周转量比 2021 年增加 0.9 万亿吨公里，海运周转量增长 3.3%；集装箱海运周转量比 2021 年减少 0.7 万亿吨公里，同比下降 5.2%；件杂货及其他海运周转量比2021年增加0.04万亿吨公里，同比增长0.6%。

2022年末，世界海运市场总运力达22.6亿载重吨，同比增长3.2%。增速较上年提高0.2个百分点，运力增速高于海运量增速和海运周转量增速，运力过剩问题逐渐显露。

2022年，我国外贸海运量占世界海运量的比重达28.3%。其中，铁矿石、煤炭、原油和集装箱占比分别为74.1%、19.3%、23.1%和23.8%，铁矿石、集装箱占比较上年有所提升，煤炭、原油占比有所下降。

### （二）物流韧性逐渐增强，国际航运运价大幅回落

新冠疫情干扰了国际贸易，造成部分供应链中断，暴露了原有产业链和供应链的脆弱性。疫情导致运输工具和集装箱短缺，同时使运输服务可靠性降低，港口拥堵，延误和滞留时间延长。供应链断裂扰乱了航运市场，将航运成本推至历史高位。2022年下半年，供应链逐步理顺，区域内物流运输发展好于长途物流运输，同时运力逐步提高，国际航运运价持续下跌。

### （三）世界干散货海运量小幅减少

2022年，世界干散货海运量总规模达52.5亿吨，较上年减少2.7%，而2021年世界干散货海运量同比增长了3.1%（见图2）。

2022年，铁矿石海运量达14.8亿吨，同比减少2.4%。当前，全球铁矿石出口国以澳大利亚、巴西为主，以南非等国为辅。其中，澳大利亚和巴西分别完成了全球59.8%和23.2%的铁矿石出口量。进口国则以中国为主，以日、韩和欧盟为辅。

2022年，煤炭海运量达12.2亿吨，同比略降0.3%，而2021年煤炭海运量同比增长了4.2%。煤炭进口需求主要来自东北亚国家、印度、英国和欧盟，2022年上述国家（地区）和国际组织的煤炭进口量分别占全球总量的49%、19%和9%。煤炭出口国以澳大利亚、印度尼西亚为主，以哥伦比亚、南非和美国为辅。

截至2022年末，世界干散货船队运力总计9.7亿载重吨，同比增长

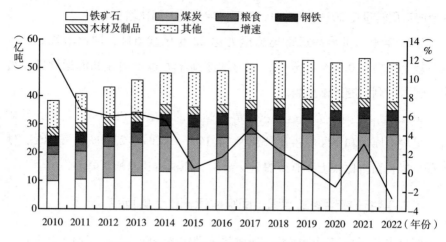

**图2　2010~2022年世界干散货海运量及增速**

资料来源：Clarkson。

2.8%，而世界干散货周转量同比降低1.9%。2022年疫情影响逐渐减弱，港口运力逐步恢复，运力供应大大增加，运价不断走低，波罗的海干散货运价指数在2022年大幅下降（见图3）。

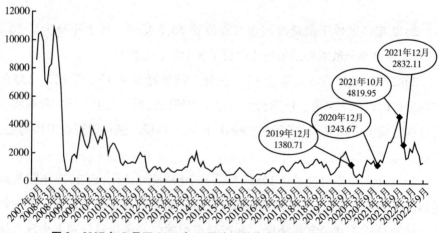

**图3　2007年9月至2022年9月波罗的海干散货运价指数（BDI）**

资料来源：联合国贸发会议：《海运述评2022》。

## （四）液体散货需求加快恢复性增长

2022 年世界液体散货海运量为 38.7 亿吨，同比增长 3.5%，较上年提高 1.3 个百分点。其中，原油海运量为 19.6 亿吨，同比增长 5.1%；成品油海运量达 10.3 亿吨，同比增长 2.0%；液化气（LNG+LPG）海运量达 5.2 亿吨，同比增长 4.9%（见图 4）。

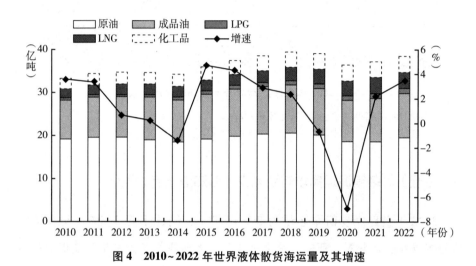

**图 4　2010~2022 年世界液体散货海运量及其增速**

资料来源：Clarkson。

当前，全球海运原油主要来自中东、西非、拉美（加勒比海湾）地区，上述地区原油出口量合计占全球出口总量的 66%；这些原油主要流向欧洲、北美、亚洲，三者进口的原油占全球进口总量的 93%。从空间格局上看，2022 年印度和欧洲的原油进口量略有增长，中国的原油进口量有所下降。

截至 2022 年末，世界油轮船队运力总计 6.5 亿载重吨，同比增长 3.4%，而运量和周转量也有小幅增长，供需基本平衡。但受俄乌冲突影响，2022 年的油轮运价有较大幅度增长。2007 年 6 月至 2022 年 6 月油轮平均日收入变化情况如图 5 所示。

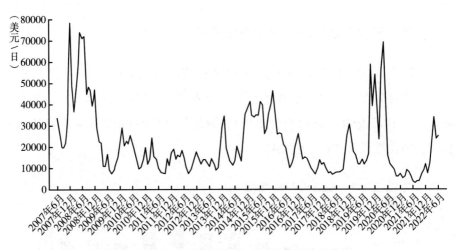

**图5　2007年6月至2022年6月油轮平均日收入**

资料来源：联合国贸发会议《海运述评2022》。

### （五）集装箱海运需求有所减少，船舶进一步大型化

2022年世界集装箱海运量为2.0亿TEU，同比下降3.8%（见图6）。从分航线发展状况看，亚欧、跨太平洋和跨大西洋等三大主干航线集装箱运量合计达5780万TEU，同比下降8.8%；区域内航线、南北航线及东西次干航线集装箱运量合计1.4亿TEU，同比下降1.7%，扭转了2019~2021年增速低于三大主干航线的局面。

截至2022年末，集装箱船队总运力达2575万TEU，同比增长4.0%，而同期集装箱海运量有所减少。受港口秩序逐渐恢复影响，运力紧张状况得到极大缓解。在运力规模不断增长的同时，集装箱船大型化趋势越发明显，12000TEU以上船型占比由2021年底的31.7%增长到2022年底的32.7%。2010~2022年世界集装箱船队运力结构变化情况如图7所示。

2022年上半年，疫情带来的影响在持续，集装箱运价仍保持高位运行。2022年下半年以后，供应链情况不断好转，港口秩序也逐渐恢复，新的集装箱船和集装箱大批投入使用，集装箱运价开始逐步下降。但从

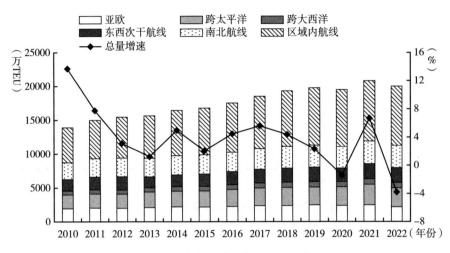

**图6　2010~2022年世界分航线集装箱海运量及增速**

资料来源：Clarkson。

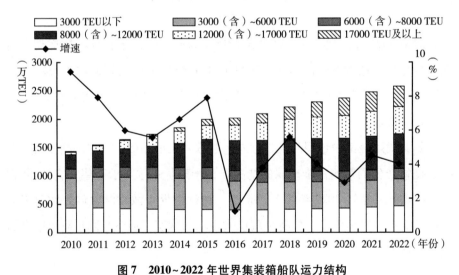

**图7　2010~2022年世界集装箱船队运力结构**

资料来源：Clarkson。

全年情况来看，集装箱运价仍远高于以往年份。2021~2022年中国出口集装箱运价指数如图8所示。

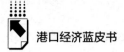

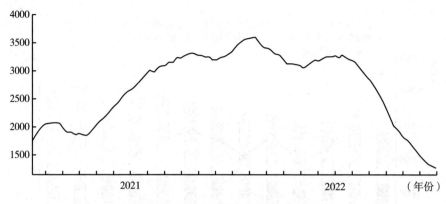

**图8 2021~2022年中国出口集装箱运价指数**

资料来源：上海航运交易所。

## 二 2023年展望

展望2023年，在新冠疫情的影响逐步减弱的情况下，世界海运需求将逐步恢复。克拉克森公司预计，2023年世界海运量增长幅度在1.5%左右。大量船舶订单将于2023年交付，运力供应水平将有较大幅度提升。

1. 干散货

随着我国经济的转型升级，世界干散货海运市场增长动力逐渐减弱。在新冠疫情产生的影响逐步减弱的情况下，干散货运输需求有望在2023年保持小幅增长，扭转2022年的下降态势。预计世界干散货海运运力增速将大于运输需求，航运市场总体将呈现供大于求的状态，但突发因素有可能会造成运价波动。

2. 液体散货

2022年，原油运输需求结束了连续3年下降的局面，取得了较大幅度的增长。随着新冠疫情的影响逐步减弱，预计2023年原油需求将恢复一般增长，增速在2.2%左右。油轮运力供应将基本适应运输需求；液化气需求预计仍将保持增长态势，但增速较2022年有所减缓，将有多艘新建液化气运输船投入市场，运力紧张的局面将有所缓解。

3. 集装箱

集装箱运输将向供过于求的局面发展。总体来看，2023年的集装箱运输需求将继续小幅下降，降幅在1%左右。受2021~2022年高峰期大量下订单造船的影响，2023年集装箱运力供给将有较大幅度的增长，同时预计集装箱港口等整个运输链会逐步好转，因此集装箱运力过剩形势将比较严峻。

# B.16
# 2022年港航企业发展回顾
# 与2023年展望

刘长俭　于汛然　邹　明　穆长泽*

**摘　要：** 本文系统分析了中国上市港口企业总体运营情况和分重点上市港口企业运营情况，同时，分析了中国上市航运企业总体运营情况和分重点上市航运企业运营情况。结合 2023 年国内外宏观经济走势判断，预计 2023 年港口企业总体盈利将保持稳定，企业营业收入和净利润将恢复正增长态势；我国航运市场不容乐观，上市航运企业营收增速有所放缓。

**关键词：** 上市港口企业　航运企业

## 一　上市港口企业总体运营情况

受经济和外贸恢复缓慢的影响，2022 年上市港口企业营业收入和净利润增速均有所下降。2022 年沪深 A 股上市港口企业营业收入为 2012.8 亿元，与 2021 年相比增长 1.7%，2020 年和 2021 年同比增速分别为-7.9%和15.5%；净利润为 468.2 亿元，与 2021 年相比增长 6.3%，2020 年和 2021年同比增速分别为-6.8%和 34.7%（见图 1 和图 2）。

---

* 刘长俭，交通运输部规划研究院运输经济室主任，高级工程师，经济学博士；于汛然，交通运输部规划研究院工程师；邹明，宁波舟山港股份有限公司工程师；穆长泽，武汉理工大学硕士研究生。以上作者研究方向均为运输经济和水运规划等。

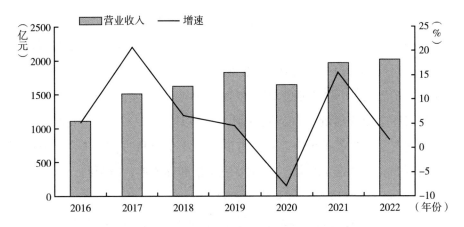

**图1 2016~2022年上市港口企业营业收入及增速**

资料来源：Wind 数据库。

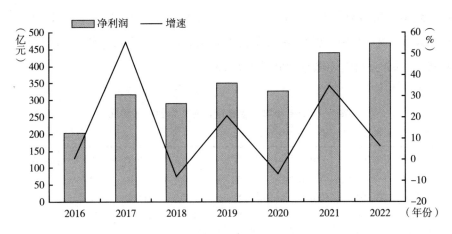

**图2 2016~2022年上市港口企业净利润及增速**

资料来源：Wind 数据库。

## 二 上市港口企业分企业运营情况

企业营业收入和净利润均存在明显的两级分化现象。2022年，沪深A股上市港口企业营业收入排名前三的分别是上港集团、宁波舟山港和厦门港务，营业收入分别为372.8亿元、257.0亿元和220.0亿元，上述三家企业营收合计占上市港口企业营业总收入的42.2%；企业营业收入排名倒数前三位的分别是ST万林、盐田港和南京港，营业收入分别为3.3亿元、5.8亿元和6.2亿元。沪深A股上市港口企业净利润排名前三的分别是上港集团、招商港口和青岛港，净利润分别为179.1亿元、82.3亿元和52.5亿元，上述三家企业净利润合计占上市港口企业净利润的67.0%；企业净利润排名倒数前三位的分别是ST万林、重庆港和锦州港，净利润分别为-0.7亿元、1.0亿元和1.3亿元（见表1和表2）。

根据最新发布数据，2022年上港集团实现营业收入372.8亿元，同比增长8.7%；实现归母净利润172.2亿元，同比增长17.3%。上港集团营业收入增长的主要原因是集装箱吞吐量的增长，以及房产公司销售收入的增加、航运公司运输收入的增加等。公司完成集装箱吞吐量4730万TEU，同比增长0.6%，其中，洋山港区完成集装箱吞吐量2391万TEU，同比增长4.8%，占全公司集装箱总吞吐量的50.5%。

**表1　2016~2022年上市港口企业营业收入情况**

单位：亿元

| 企业名称 | 2016年 | 2017年 | 2018年 | 2019年 | 2020年 | 2021年 | 2022年 |
|---|---|---|---|---|---|---|---|
| 上港集团 | 313.6 | 374.2 | 380.4 | 361.0 | 261.2 | 342.9 | 372.8 |
| 宁波港 | 163.3 | 181.8 | 218.8 | 243.2 | 212.7 | 231.3 | 257.0 |
| 厦门港务 | 89.9 | 137.1 | 133.9 | 141.5 | 157.1 | 235.8 | 220.0 |
| 青岛港 | 86.8 | 101.5 | 117.4 | 121.6 | 132.2 | 161.0 | 192.6 |
| 招商港口 | 19.1 | 75.4 | 97.0 | 121.2 | 126.2 | 152.8 | 162.3 |
| 广州港 | 77.4 | 83.1 | 86.4 | 104.2 | 112.5 | 120.2 | 127.4 |
| 辽港股份 | 128.1 | 90.3 | 67.5 | 66.5 | 66.6 | 123.5 | 119.8 |
| 天津港 | 130.5 | 142.3 | 130.6 | 128.8 | 134.3 | 144.7 | 108.2 |
| 日照港 | 42.8 | 48.0 | 51.3 | 52.5 | 57.7 | 65.0 | 75 |
| 秦港股份 | 49.1 | 70.3 | 68.8 | 67.2 | 64.6 | 65.9 | 69.2 |
| 北部湾港 | 29.9 | 32.7 | 42.1 | 47.9 | 53.6 | 59.0 | 63.8 |
| 唐山港 | 56.3 | 76.1 | 101.4 | 112.1 | 78.4 | 60.7 | 56.2 |
| 珠海港 | 18.0 | 18.6 | 26.1 | 33.2 | 35.4 | 63.8 | 52.5 |
| 重庆港 | 22.0 | 63.2 | 63.7 | 47.8 | 50.8 | 54.8 | 49.6 |

续表

| 企业名称 | 2016 年 | 2017 年 | 2018 年 | 2019 年 | 2020 年 | 2021 年 | 2022 年 |
|---|---|---|---|---|---|---|---|
| 连云港 | 11.7 | 12.7 | 13.2 | 14.2 | 16.2 | 20.3 | 22.3 |
| 锦州港 | 25.5 | 45.3 | 59.2 | 70.3 | 43.7 | 29.3 | 29.6 |
| 保税科技 | 8.4 | 10.5 | 13.6 | 18.8 | 20.6 | 18.7 | 13.4 |
| 南京港 | 2.2 | 6.8 | 7.2 | 7.4 | 7.5 | 8.0 | 8.2 |
| 盐田港 | 2.8 | 3.4 | 4.0 | 5.9 | 5.3 | 6.8 | 5.8 |
| ST 万林 | 4.0 | 6.8 | 9.4 | 9.4 | 7.2 | 5.8 | 3.3 |

资料来源：Wind 数据库。

**表2　2016～2022 年上市港口企业净利润情况**

单位：亿元

| 企业名称 | 2016 年 | 2017 年 | 2018 年 | 2019 年 | 2020 年 | 2021 年 | 2022 年 |
|---|---|---|---|---|---|---|---|
| 上港集团 | 80.9 | 128.5 | 114.7 | 99.3 | 91.8 | 154.8 | 179.1 |
| 招商港口 | 6.7 | 54.4 | 28.9 | 81.7 | 55.3 | 76.6 | 82.3 |
| 青岛港 | 23.0 | 32.4 | 38.4 | 41.3 | 44.2 | 46.3 | 52.5 |
| 宁波港 | 24.9 | 28.6 | 32.1 | 38.0 | 37.9 | 47.8 | 46.7 |
| 唐山港 | 14.3 | 15.4 | 15.4 | 17.6 | 19.7 | 21.5 | 18.1 |
| 辽港股份 | 6.1 | 5.7 | 6.8 | 8.9 | 9.5 | 20.8 | 14.3 |
| 秦港股份 | 3.7 | 9.0 | 6.9 | 8.3 | 9.0 | 10.0 | 13.6 |
| 天津港 | 18.0 | 12.2 | 9.2 | 9.9 | 10.8 | 13.8 | 11.5 |
| 广州港 | 7.9 | 8.4 | 8.9 | 10.3 | 10.7 | 12.8 | 12.0 |
| 北部湾港 | 4.8 | 5.9 | 7.1 | 10.7 | 11.8 | 11.5 | 11.5 |
| 日照港 | 2.3 | 4.5 | 7.4 | 7.1 | 7.3 | 8.2 | 7.3 |
| 盐田港 | 3.8 | 4.3 | 4.9 | 3.9 | 3.8 | 4.8 | 4.0 |
| 珠海港 | 1.2 | 1.7 | 1.9 | 2.5 | 2.9 | 5.3 | 4.7 |
| 厦门港务 | 2.8 | 2.3 | 1.8 | 2.8 | 3.2 | 3.5 | 3.2 |
| 连云港 | 0.0 | 0.0 | 0.2 | 0.3 | 0.9 | 1.8 | 2.4 |
| 南京港 | 0.4 | -2.1 | 0.5 | 1.7 | 2.3 | 1.2 | 1.7 |
| 保税科技 | 0.4 | -2.1 | 0.5 | 1.7 | 2.3 | 1.2 | 1.7 |
| 锦州港 | 0.5 | 1.5 | 2.5 | 1.7 | 1.9 | 1.2 | 1.3 |
| 重庆港 | 1.3 | 5.4 | 1.8 | 2.3 | 1.3 | 1.0 | 1.0 |
| ST 万林 | 0.8 | 1.2 | 1.3 | 0.9 | 0.5 | -3.6 | -0.7 |

资料来源：Wind 数据库。

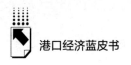

# 三　上市航运企业总体运营情况

在经济逐步恢复的背景下，受国际航运市场频繁波动的影响，2022年航运市场营收水平增长放缓，航运企业的营业收入和净利润增速均有所下降。2022年沪深A股上市航运企业营业收入为5207.2亿元，与2021年相比增长15.3%，2020年和2021年同比增速分别为11.8%和73.6%；净利润为1516.0亿元，与2021年相比增长31.1%，2020年和2021年同比增速分别为94.7%和348.2%（见图3和图4）。

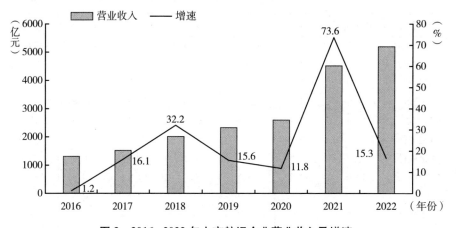

**图3　2016～2022年上市航运企业营业收入及增速**

资料来源：Wind数据库。

# 四　上市航运企业分企业运营情况

近年来，上市航运企业的营业收入和净利润两极分化现象明显。2022年，沪深A股上市航运企业（不包括2023年上市的海通发展和国航远洋两家企业，下同）营业收入排名前三的分别是中远海控、招商轮船和中远海

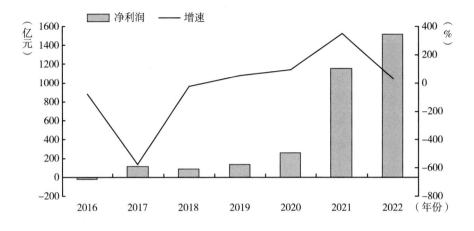

**图4 2016~2022年上市航运企业净利润及增速**

资料来源：Wind数据库。

发，营业收入分别为3910.6亿元、297.1亿元和256.3亿元，上述三家企业营收合计占上市航运企业营业总收入的85.7%；企业营业收入排名倒数前三位的分别是长航凤凰、盛航股份和兴通股份，营业收入分别为10.4亿、8.7亿和7.8亿元。沪深A股上市航运企业净利润排名前三的分别是中远海控、招商轮船和中远海发，净利润分别为1313.4亿元、50.7亿元和39.2亿元；企业净利润排名倒数前三位的分别是宁波海运、盛航股份和长航凤凰，净利润分别为1.8亿元、1.7亿元和0.4亿元（见表3和表4）。

从最新经营数据看，2022年，中远海控的集装箱航运业务收入达3840亿元，同比增加561亿元，增速为17.1%；中远海运港口码头业务收入为98亿元，同比增加18.7亿元，增速为23.5%。2022年，中远海控通过引入上汽集团作为战略投资者，推动两家公司在整车出口、零部件进出口等方面协同发展；通过股权收购、二级市场增持等操作，将持有上港集团、广州港的股份分别提升至5.55%、6.50%；通过将持有中远海运港口的股比提升至58.36%，进一步深化港口协同。

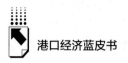

### 表3  2016~2022年上市航运企业营业收入情况

单位：亿元

| 企业名称 | 2016年 | 2017年 | 2018年 | 2019年 | 2020年 | 2021年 | 2022年 |
|---|---|---|---|---|---|---|---|
| 中远海控 | 711.6 | 904.6 | 1208.3 | 1510.6 | 1712.6 | 3336.9 | 3910.6 |
| 招商轮船 | 60.3 | 61.0 | 109.3 | 145.6 | 180.7 | 244.1 | 297.1 |
| 中远海发 | 159.6 | 163.4 | 166.8 | 142.3 | 189.8 | 371.7 | 256.3 |
| 中远海能 | 130.1 | 97.6 | 122.9 | 138.8 | 163.8 | 127.0 | 186.6 |
| 中谷物流 | 40.8 | 56.0 | 80.8 | 99.0 | 104.2 | 122.9 | 142.1 |
| 中远海特 | 58.8 | 65.1 | 75.8 | 82.7 | 70.4 | 87.5 | 122.1 |
| 安通控股 | 38.0 | 67.6 | 100.6 | 50.5 | 48.3 | 77.9 | 91.8 |
| 宁波远洋 | 14.0 | 18.1 | 46.9 | 51.1 | 30.3 | 38.1 | 47.7 |
| 招商南油 | 57.8 | 37.3 | 33.8 | 40.4 | 40.3 | 38.6 | 62.6 |
| 海峡股份 | 7.5 | 9.8 | 10.5 | 11.1 | 10.7 | 14.0 | 29.6 |
| 宁波海运 | 11.3 | 15.9 | 25.7 | 23.2 | 22.8 | 23.4 | 20.7 |
| 渤海轮渡 | 12.2 | 15.1 | 16.7 | 16.6 | 11.7 | 14.0 | 13.1 |
| 盛航股份 | 2.1 | 2.7 | 3.0 | 3.8 | 4.8 | 6.1 | 8.7 |
| 长航凤凰 | 7.1 | 8.3 | 8.4 | 7.9 | 7.2 | 9.3 | 10.4 |
| 兴通股份 | 0 | 0 | 2.7 | 2.9 | 3.9 | 5.7 | 7.8 |

资料来源：Wind数据库。

### 表4  2016~2022年上市航运企业净利润情况

单位：亿元

| 企业名称 | 2016年 | 2017年 | 2018年 | 2019年 | 2020年 | 2021年 | 2022年 |
|---|---|---|---|---|---|---|---|
| 中远海控 | -91.0 | 48.3 | 30.3 | 103.5 | 131.9 | 1038.5 | 1313.4 |
| 招商轮船 | 22.5 | 9.2 | 10.9 | 16.3 | 28.1 | 36.6 | 50.7 |
| 中远海发 | 4.1 | 15.3 | 14.4 | 17.4 | 21.3 | 60.9 | 39.2 |
| 中谷物流 | 4.6 | 3.8 | 5.5 | 8.6 | 10.2 | 24.1 | 27.4 |
| 安通控股 | 4.0 | 5.5 | 4.9 | -43.7 | 12.9 | 17.7 | 23.4 |
| 招商南油 | 5.7 | 4.2 | 3.6 | 8.9 | 14.0 | 3.1 | 14.5 |
| 中远海能 | 19.6 | 18.9 | 3.2 | 6.9 | 26.2 | -46.6 | 17.8 |
| 中远海特 | 0.5 | 2.4 | 0.9 | 1.0 | 1.3 | 3.1 | 8.3 |
| 宁波远洋 | 0.0 | 0.0 | 1.5 | 1.9 | 3.0 | 5.2 | 6.7 |
| 海峡股份 | 1.6 | 2.3 | 2.1 | 2.2 | 2.5 | 2.9 | 6.6 |

续表

| 企业名称 | 2016 年 | 2017 年 | 2018 年 | 2019 年 | 2020 年 | 2021 年 | 2022 年 |
|---|---|---|---|---|---|---|---|
| 盛航股份 | 0.3 | 0.3 | 0.5 | 0.6 | 1.1 | 1.3 | 1.7 |
| 宁波海运 | 1.3 | 2.1 | 3.8 | 3.3 | 2.6 | 4.4 | 1.8 |
| 兴通股份 | 0.0 | 0.0 | 0.5 | 0.9 | 1.2 | 2.0 | 2.1 |
| 渤海轮渡 | 2.3 | 3.8 | 4.2 | 4.4 | 1.6 | 2.2 | 2.0 |
| 长航凤凰 | 0.1 | 0.5 | 0.6 | 0.3 | 0.1 | 1.0 | 0.4 |

资料来源：Wind 数据库。

# 五 2023年展望

展望2023年，一是宏观经济逐步复苏，为港口运输需求增长带来动力；二是港口资源整合将继续向纵深推进，区域港口间协同发展，港口议价能力与主动性不断提升，从而将提高港口行业整体盈利水平；三是港口企业不断加大平安、绿色、智慧港口建设方面的投入，以提升服务效率和水平，企业成本同步提高。综合判断，2023年港口企业总体盈利水平将保持稳定，企业营业收入和净利润将恢复正增长态势。

2023年，世界经济下行压力增大，航运市场需求不确定性增加。国内沿海成品油运输市场需求复苏势头明显、内河运输市场预计继续保持稳定运行。国际航运市场在世界经济增速开始放缓和地缘政治影响下需求低迷，下半年有望恢复。预计2023年我国航运市场不容乐观，上市航运企业营收增速有所放缓。

# B.17
# 2022年全国水运投资形势回顾与2023年展望

袁子文　徐　力\*

**摘　要：** 2022年，水运固定资产投资完成约1600亿元，同比增长9.2%。其中，沿海港口投资显著回升，沿海航道投资持续低迷后出现反弹，内河码头建设投资保持高速增长势头，内河航道投资增速下降。展望2023年，在国内消费需求、外贸出口增长乏力的情况下，基础设施投资仍将是经济增长的主要动力，加之《全国港口与航道布局规划》预计年内获批，以及平陆运河等重大工程开工建设等利好，全年水运固定资产投资增速将在10%以上。

**关键词：** 水运固定资产投资　全国港口与航道布局规划　沿海航道

## 一　总体情况

根据相关数据估算，2022年，水运固定资产投资（不含支持系统投资，下同）完成约1600亿元，同比增长9.2%，分季度增速呈现逐步增长态势。港口投资和航道投资分化显著，以市场投资为主的沿海港口码头（以下简称"沿海港口"）、内河港口码头（以下简称"内河港口"）分别完成投资710亿元、375亿元（以下均指建设投资），同比分别增长14%和39%；中央资金

---

\*　袁子文，交通运输部规划研究院高级工程师；徐力，交通运输部规划研究院水运所总工程师。以上作者研究方向均为运输经济和水运规划等。

补助的沿海港口公共基础设施（以下简称沿海航道）、内河水运公共基础设施（以下简称内河航道）分别完成投资 75 亿元、440 亿元，同比分别下降 23% 和 7%（见图1）。2022 年水运建设投资比 2021 年增加 134 亿元，沿海港口、内河港口、内河航道、沿海航道的贡献度分别为 63%、78%、-17%、-24%。

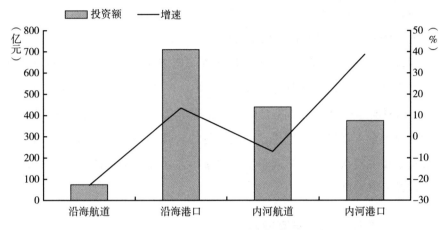

图1　2022 年水运投资额及增速

资料来源：作者根据相关资料整理。

## 二　分季度情况

### （一）沿海港口与航道投资

2022 年，全国沿海港口和航道完成投资 785 亿元，同比增长 8.6%。其中，沿海港口完成投资 710 亿元，同比增长 14%；沿海航道完成投资 75 亿元，同比下降 23%。

1. 沿海港口投资显著回升

沿海港口一直是水运投资的主力军，占总投资的比重近 50%。2022 年分季度沿海港口投资同比增速分别为 5%、20%、10%、17%。2022 年，沿海港口投资比 2021 年增加 84 亿元。其中，浙江完成投资约 150 亿元，在建

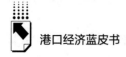

项目主要是宁波舟山港梅山港区 6#～10#、金塘港区大浦口集装箱码头工程等；山东完成投资约 110 亿元，在建项目主要是烟台港西港区原油码头二期工程，日照港石臼港区南区#14、#15 等；广东完成投资约 145 亿元，在建项目主要是大榄坪港区大榄坪南作业区 9 号、10 号自动化集装箱泊位，铁山西港区啄罗作业区 4 号 LNG 泊位等。

**2. 沿海航道投资持续低迷后出现反弹**

2021 年第二季度以来，沿海航道投资同比增速持续下滑，其中 2022 年前三季度同比增长率分别为－34%、－38%、－16%，第四季度同比增长 49%。沿海航道投资反弹的主要原因是前期新开项目储备不足，且港建费停征后中央资金支持沿海航道建设的政策落地较晚，2021 年至 2022 年上半年中央资金相关投入为零，第四季度受国家相关政策利好影响，部分项目集中开工推动投资反弹。

## （二）内河港口与航道投资

2022 年，全国内河港口和航道完成投资 815 亿元，同比增长 9.7%。其中，内河港口完成投资 375 亿元，同比增长 39%；内河航道完成投资 440 亿元，同比下降 7%。

**1. 内河港口建设投资保持高速增长势头**

2022 年内河港口保持了 2021 年以来的良好投资势头，分季度投资同比增速分别为 39%、21%、44%、52%。受沿江港口加快资源整合、非法码头治理后能力短缺等因素影响，以及随着"十二五"以来部分国家高等级航道建成投产，长江干线、西江航运干线等沿线集约化、规模化港口建设加快推进，江西、浙江、安徽、山东、广东等省份有一批港口项目开工建设，近年来内河港口建设投资增长较快。

**2. 内河航道投资增速下降**

2022 年，内河航道投资增速延续了 2021 年第四季度以来的负增长，但降幅有所收窄，2022 年第一至第四季度降幅分别为 4%、11%、8%、5%。从投资规模来看，投资较高的包括长三角高等级航道网和长江上游航道。其中，2022年江苏、浙江、安徽投资均超过40亿元，包括引江济淮工程安徽段航运部分、京杭运河浙江段三级航道整治工程、浙北高等级航道网集装箱运输通道建设工程、杭甬运河新坝二线船闸建设工程等在内的一批高等级航道集中建设；四川、重庆投资分别超过50亿元、20亿元，在建项目主要是岷江龙溪口至宜宾段航道整治工程一期工程、岷江龙溪口航电枢纽工程、嘉陵江梯级渠化利泽航运枢纽工程、乌江白马航电枢纽工程等。

## 三 2023年展望

2022年下半年以来，中央资金支持基础设施建设的利好政策不断出台，推动了水运建设的持续回暖。2023年，预计水运建设投资将保持高位。一是预计《全国港口与航道布局规划》将获得国家批复，新布局的国家高等级航道等将带动水运投资持续改善；二是受疫情等因素影响，外贸、内需等增长乏力，预计投资仍将是2023年推动经济增长的主动力，水运基础设施建设的外协环境也将持续改善。综上，预计2023年全国水运投资同比增速为10%左右。

# 专 题 篇
## Special Topic Section

# B.18
# 推进我国港口集装箱国际
# 中转业务优化发展

徐杏　沈益华　朱鲁存　徐力　高天航*

**摘　要：** 集装箱国际中转规模和比例作为衡量国际航运中心建设、航运
枢纽地位的一项重要指标，一直以来成为我国沿海集装箱干线
港积极发展的方向之一。近几年，随着国内外经贸、航运形势
的变化，以及沿海捎带等政策的调整，我国沿海港口集装箱国
际中转业务呈现新的亮点。2020 年，我国沿海港口集装箱国际
中转规模达到 1350 万 TEU；2015~2020 年年均增长 5.3%。下
一步，应集中优势资源，重点推进上海港、深圳港等干线港国
际中转业务集聚发展；将沿海捎带业务按国际中转业务标准进
行监管；优化口岸监管模式，降低国际中转成本，提高物流效

---

\* 徐杏，博士，交通运输部规划研究院高级工程师；沈益华，交通运输部规划研究院水运所总
工程师，正高级工程师；朱鲁存，交通运输部规划研究院副院长，正高级工程师；徐力，交
通运输部规划研究院水运所总工程师，正高级工程师；高天航，博士，交通运输部规划研究
院工程师。以上作者研究方向均为运输经济和水运规划等。

率；完善信息服务平台功能，配套金融外汇等服务功能，强化国际中转业务吸引力。

**关键词：** 集装箱　国际中转业务

## 一　沿海港口集装箱国际中转业务增长较快

2020年，我国沿海港口集装箱国际中转规模达1350万TEU。2015～2020年，集装箱国际中转量年均增长5.3%，高出同期集装箱吞吐量增速0.9个百分点。2021年，受周边国家疫情严重导致港口拥堵以及运转不正常等因素影响，我国沿海港口吸引了部分日本以及东南亚国家的集装箱国际中转业务，国际中转规模达1470万TEU，同比增长8.7%，与国际航线增速相当。

与韩国集装箱国际中转业务集中于釜山港不同，我国集装箱国际中转业务呈现各集装箱干线港分散发展态势。其中，上海港、深圳港、宁波舟山港和厦门港分别占全国集装箱国际中转规模的41.5%、24.7%、18.4%和7.4%。此外，广州、青岛、天津以及北部湾等港口也加快发展集装箱国际中转业务，但整体规模较小。

## 二　多因素驱动集装箱国际中转业务稳步增长

全球集装箱航线组织格局以及船舶公司的经营策略是驱动集装箱国际中转业务发展的主要因素。我国沿海港口所处航区位置具备为日本、东南亚以及中国台湾地区的集装箱分别中转至欧非、美西等不同干线的条件。加之干线船舶规模有从1.8万TEU增至2.4万TEU的大型化趋势，以及不同船舶公司之间的航线、舱位调配，大小船换装、干线捎带等国际中转需求增加。此外，船舶换线调整、船舶维护和脱硫设施改造产生的整船换装中转需求也

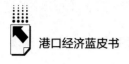
有明显增长。

我国作为全球贸易和供应链核心的地位稳步提升,规模优势推动集装箱国际中转业务加快发展。我国的集装箱海运量占全球的 20%,航运网络发达,规模效应显著。在全球十大集装箱港口中,我国占据 7 席,上海港、宁波舟山港、深圳港的国际航线增至 300 条以上,覆盖各主要贸易经济体的大部分港口,可有效吸引不同航线的集装箱国际中转业务。此外,随着上海、深圳等区域贸易中心地位的不断提升,大量跨国贸易商或供应链企业将上述港口作为区域中转枢纽,带动了国际中转及集拼等业务的增长。

我国沿海港口通过提升服务效率、优化口岸营商环境,对集装箱国际中转业务的吸引力稳步提升。沿海八大集装箱干线港基本均能接受 1.8 万 TEU 及以上船舶的挂靠;拥有全球领先的基础设施条件,自动化程度较高,服务水平显著高于东南亚、日本等港口,发展集装箱国际中转业务的优势明显。深圳、厦门口岸通过减税降费、创新国际中转集拼监管模式,压缩通关时间,降低中转成本。上海着力解决外高桥、洋山两个港区、两个关区流转不畅等问题,积极发展跨关区的集装箱国际中转业务。

## 三 未来我国集装箱国际中转业务面临的机遇与挑战

当前,我国各集装箱干线港的国际中转规模仍较小,仅上海港突破 600 万 TEU,占集装箱吞吐量的 13%,远低于韩国釜山港的 50%,但全国总量规模已超过韩国。

沿海捎带试点政策范围的扩大将对集装箱国际中转业务产生不确定性影响。2021 年 12 月,《交通运输部关于开展境外国际集装箱班轮公司非五星旗国际航行船舶沿海捎带业务试点的公告》发布,将吸引大连港、天津港、青岛港等环渤海港口原先通过韩国釜山港国际中转的部分业务回流。目前,海关对中资方便旗的沿海捎带试点按内支线进行监管,退税时效性不强,流程较为烦琐,效果不明显。若扩围政策能按现有国际中转业务进行监管,政策效果将明显提升，预计可为上海港带来约 200 万 TEU 的国际中转规模。

未来，我国国际贸易枢纽地位仍将继续巩固，并将形成以我国为中心、东南亚及非洲等国家制造业梯度升级的区域贸易格局以及供应链体系，加之我国外贸进口规模持续扩大，国际中转、分拨及集拼业务将呈现增长态势。但与釜山、新加坡等自由港相比，我国在口岸监管便利性、中转效率和成本等方面仍有较大差距，且航区位置也有一定劣势。

国内外港口竞争加剧，集装箱国际中转业务仍面临较大增长压力。一方面，新加坡、韩国釜山等传统国际航运中心仍持续发力，通过港口扩建、税费优惠、功能拓展等举措强化其国际航运枢纽地位，挤压我国的集装箱国际中转业务。另一方面，随着全球制造业向东南亚国家转移，马来西亚、越南、印度等国的集装箱港口规模持续扩大，航线辐射能力稳步增强，将逐步分流我国沿海港口的国际中转业务。

# 四 推进集装箱国际中转业务优化
## 发展的对策建议

国际中转业务的开展对提升我国集装箱干线港的国际枢纽地位、增强资源配置能力和供应链保障能力，拓展船舶、航运服务和加工增值业务，助力加快建设交通强国具有重要作用。建议在现有船舶公司市场运作的基础上，进一步发挥政府的引导作用，合力推进主要集装箱干线港国际中转业务的集聚发展。

集中优势资源，重点推进上海港、深圳港等干线港国际中转业务集聚发展。为提升我国集装箱干线港的国际竞争力，建议抓住《区域全面经济伙伴关系协定》（Regional Comphehensive Economic Partnership，RCEP）机遇，在国际航线网络发达、外贸进口规模领先的上海、深圳等主要集装箱干线港，实施更开放的口岸政策，集中力量发展各项国际中转业务，优化航线组织，形成日俄—欧洲、非洲，中国台湾、东南亚—美西等特色航线的国际中转优势。进一步引导拆拼箱、分拣、包装及航运金融等增值服务以及国际采

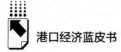

购、贸易业务在上述主要集装箱干线港的集聚发展，重点扶持上海港东北亚空箱调运中心的建设和发展。

对沿海捎带业务进行监管，为货主企业提供更高效、便捷的供应链服务。为真正发挥沿海捎带业务政策效果，吸引北方港口到韩国釜山港国际中转业务回流至上海港，建议海关将沿海捎带业务纳入国际中转模式监管，进一步简化备案等监管流程。若仍按内支线监管，则建议将大连港、天津港集装箱港区纳入启运港退税范畴，提高企业资金周转效率。简化上海港中转作业流程，优化航线组织，有效保障国际中转舱位、船期安排以及中转效率，增强国际竞争力。

优化口岸监管模式，降低国际中转成本，提高物流效率。贯彻落实国家减税降费措施，借鉴韩国釜山港发展国际中转业务的经验，降低或免收中转、堆存等港口使用费。简化国际中转备案、账册管理，优化国际中转集拼的舱单管理。完善信息化、电子化等监管手段，打造可视化的物联网监管平台，降低监管风险。允许口岸清关货物进入集拼中心，放宽国际异地拼箱等多业态混拼限制，统一监管场所和监管标准，减少移库环节和成本，推动实现一般贸易、加工贸易和转口贸易的融合发展。

完善信息服务平台功能，配套金融外汇等服务功能，增强国际中转业务吸引力。创新信息化、智能化手段，构建完善国际中转集拼等综合服务平台，有效对接海关、电子口岸、码头等系统平台，实现对货物进出监管区、拆箱、位移、拼装等作业的系统管控，实现电子数据的传递和交换，为各类客户提供中转分拨、进出口集拼、清关等线上业务操作以及单证流转、货物库位信息的实时跟踪查询等功能。同时，为开展国际中转集拼的跨国采购、贸易和供应链企业提供更为便利的转口贸易融资、离岸金融以及外汇等配套服务，降低企业综合运营成本。

# **B**.19
# 加强沿海和内河港口航道
# 规划建设的思考

袁子文*

**摘　要：** 中央财经委员会第十一次会议研究全面加强基础设施建设问题，提出，我国基础设施同国家发展和安全保障需要相比还不适应，要加强沿海和内河港口航道规划建设，优化提升全国水运设施网络。近年来，我国沿海和内河港口航道在保障国家安全、促进国内国际双循环中发挥了重要作用，但仍存在基础设施设施能力短板、服务功能不强等问题，且规划建设面临的环评、用地用海、资金等要素保障问题日益突出。亟须相关部门加强沟通、同向发力，聚焦联网，推动水运设施更好地融入综合运输网络；聚焦补网，加强待达标国家高等级航道规划建设；聚焦强链，充分发挥港口枢纽在物流供应链体系中的重要作用。

**关键词：** 沿海和内河　港口航道　港口规划建设

## 一　发展基础

改革开放以来，历经国家"三主一支持"、全国沿海港口布局规划、全国内河航道与港口布局规划、加快内河水运发展指导意见、交通强国建设等多轮战略规划驱动，我国水运已与全球互联互通，基本形成以南北海运、长

---

* 袁子文，交通运输部规划研究院高级工程师，研究方向为运输经济和水运规划等。

江干线、西江航运干线、京杭运河为大通道，以主要港口为枢纽的基础设施发展格局，在服务国家经济发展和对外开放中发挥了重要作用，水运大国地位逐步确立。其中，沿海港口与航道基础设施总体已适度超前，内河港口与航道基础设施处于补短板的攻坚阶段，尚有约 1 万公里国家高等级航道未达标。

与国家发展和安全保障需要相比，沿海和内河港口航道还存在以下问题：一是基础设施网络衔接有待优化，运输方式之间的互联互通水平尚需提升；二是国际枢纽海港竞争力和辐射作用有待提升，现代航运服务功能不强，保障国家供应链安全的作用有待加强；三是长江、西江等干线航道还存在瓶颈，内河水运绿色、经济的优势和潜力尚未充分发挥；四是资源集约节约高效利用和绿色发展亟待加强。

## 二 发展新要求

2022 年 4 月 26 日，习近平总书记主持召开的中央财经委员会第十一次会议提出基础设施是经济社会发展的重要支撑，要统筹发展和安全，要加强沿海和内河港口航道规划建设，优化提升全国水运设施网络，并对我国水运规划建设提出了新要求。

一是要适度超前布局有利于引领产业发展和维护国家安全的水运基础设施。港口承担了全国 90% 的外贸物资运输，包括 90% 的外贸进口原油、98% 的外贸进口铁矿石、98% 的外贸进口粮食等，并引领了石化、钢铁等一批产业临港布局发展。但近年来，我国获取重要战略物资面临的国际环境日趋复杂，极端情况下面临被封锁、断供的风险，特别是原油、铁矿石、粮食等外采度高的战略物资供应极易受制于人。同时，我国对相关物资定价话语权较低，国际市场常常出现"买什么、什么就贵"的"中国溢价"情形。新形势变化要求优化以港口为枢纽的重要物资装卸、储备、分拨、贸易等产业链、供应链体系，加快提升应对极端情况的能力。

二是要加强综合交通枢纽及集疏运体系建设。我国港口货物总吞吐量和集装箱吞吐量均居世界首位，但港口集疏运体系建设较为滞后。其中，集装箱海铁联运量占港口集疏运的比例仅为3%左右，远低于发达国家8%~35%的水平，上海港、宁波舟山港等集装箱干线港的内河疏港航道尚未完全打通。港口规划应在新阶段统筹考虑港口岸线资源、后方土地资源和综合运输通道资源，尽快完善集疏运体系。

三是要加强基础设施用地用海等支撑保障。我国进入高质量发展阶段，更加注重发展质量和效益，"三区三线"①划定以及严格的围填海政策均对港口航道规划建设提出了新的更高要求。水运行业应主动落实相关政策，贯彻资源节约理念，与相关部门一起找到政策的同向发力点，共同落实中央提出的加强基础设施要素保障的要求。

## 三 落实中央要求的总体思路

以习近平总书记关于全面加强基础设施建设的重要指示精神为总遵循，统筹发展和安全两件大事，按照"联网、补网、强链"总体要求，以提升港口航道基础设施网络效益为主线，建议重点开展以下几方面工作。

### （一）聚焦联网，推动水运设施更好地融入综合运输网络

一是积极推进海铁联运联通。以沿海主要港口集疏运"公转铁"为主攻方向，实施后方通道扩能改造工程，打通进出港铁路"最后一公里"，加强铁路与海运规则、标准等衔接，推进铁路与海运数据共享互用，加快构建一体化、网络化、标准化、信息化的海铁联运系统。同时，在港口规划编制中积极做好发展空间预留、用地功能划定、开发时序协调等工作，加强集疏运通道资源的综合利用与有效保护。

二是大力实施中小码头升级改造工程。及时开展深水岸线标准调整之后

---

① "三区"指城镇空间、农业空间、生态空间三种类型的国土空间，"三线"分别对应在城镇空间、农业空间、生态空间划定的城镇开发边界、永久基本农田、生态保护红线三条控制线。

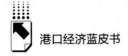

的港口岸线管理情况和岸线利用情况评估。研究提出老旧码头升级、改造、搬迁的实施方案，向存量要效益、要资源，减少新增围填海需求，并积极争取国家财政资金支持。同时，推动老港区逐步构建与城市交通适度分离的港口集疏运体系。

### （二）聚焦补网，加强待达标国家高等级航道规划建设

一是加强国家高等级航道干支衔接。按照"上下游建设时序协同、标准协同"的原则，集中力量优先打通岷江、嘉陵江、乌江、汉江、湘江、赣江等长江支流国家高等级航道，充分发挥干支联动效益。加快上海港洋山和外高桥、宁波舟山港北仑等重点集装箱港区内河疏港航道项目前期工作和建设，实现同长三角高等级航道网的连通，充分发挥海河联运效益。

二是积极推进关键枢纽节点建设。加快推进三峡枢纽水运新通道、红水河龙滩枢纽、沅水鱼潭枢纽、嘉陵江井口枢纽等重点"卡脖子"枢纽工程建设。在各级航道规划中充分考虑远期发展需求，对国家高等级航道上的枢纽船闸预留复线、多线船闸位置。

### （三）聚焦强链，充分发挥港口枢纽在物流供应链体系中的重要作用

一是谋划推进资源和经济安全保障枢纽工程。以提升产业链、供应链安全保障水平和韧性为导向，探索南方以宁波舟山港为主，北方以青岛董家口为主、以日照岚山和烟台西港区为辅的石油中转贸易储备中心，加强储罐、堆场等储存能力，拓展物流、贸易等功能；在宁波舟山港先行建设的基础上，探索在环渤海等港口群打造若干矿石中转储运基地，提高重要矿石的调节和供应能力；考虑我国"北粮南运""外粮内运"的特点，重点推进主要沿海港口粮食铁路专用线扩能改造、中转仓容建设和接卸能力提升，加强港口枢纽粮食接卸分拨保障能力。

二是指导国际枢纽海港建设世界一流强港。按照建设世界一流港口标准和国家综合立体交通网规划的要求，重点拓展国际航线和物流服务网络，提

高国际连通度和枢纽度；强化国际航运和口岸服务功能，打造对外开放和政策创新高地；推进与其他运输方式及物流场站等统一规划、协同管理，做好内陆港体系规划建设工作，提升港口多式联运效率与综合服务水平。积极制定新时期面向全球、符合国家区域战略要求的国际枢纽海港发展规划。

# 四　保障措施

一是加强重大工程要素保障。建议交通运输、生态环境、自然资源、林草等部门积极破解重要规划和工程中的围填海、占用永久基本农田、穿越自然保护区等问题。财政部门尽快落实打通水运建设中央资金渠道以及"十四五"期规模要求，适当扩大中央和地方水运建设专项资金支持范围，加强对重大工程研究、老港区码头升级改造、信息化建设等的支持和引导。

二是贯彻资源集约规划理念。将"生态优先、绿色发展"和集约节约资源理念贯彻于港口航道规划、建设、管理、运营服务全过程。加强同国土空间规划的衔接，强化对港口核心岸线、国家高等级航道资源的保护和利用。

三是强化港航规划落实监督。按照港口法、航道法要求，严格开展各级港口和航道规划的编制，对于违反规划建设的工程项目，应依法进行处罚，不得纳入新修订的规划，切实维护港口和航道规划的严肃性和权威性。

# 案 例 篇
## Case Study Section

# B.20
# 厦门港发展情况回顾
# 及未来发展思考

林云光*

**摘 要:** 当前，厦门港基础设施不断完善，集装箱干线港地位持续提升，港航发展活力不断增强，对外开放水平稳步提升，服务两岸融合发展的能力明显增强，邮轮产业加速发展，智慧港口建设不断推进，绿色减碳纵深推进，营商服务环境全面优化。同时存在港口设施能力支撑不足、功能布局亟待优化、港口运营存在短板等问题。基于此，本报告建议厦门港应明确发展定位，强化"目标"导向；夯实要素保障，补齐"能力"短板；围绕发展目标，拓展"货源"渠道。

**关键词:** 厦门港 集装箱干线港 邮轮产业

---

\* 林云光，厦门港口管理局综合规划处处长，研究方向为水运规划等。

# 一 厦门港发展现状

## （一）港口基础设施不断完善

厦门港包括厦门市（东渡、海沧、翔安）和漳州市（招银、后石、石码、古雷、东山、诏安）的九大港区，自然海岸线总长约899公里，规划港口岸线约106公里（其中环厦门湾61.9公里，环东山湾44.1公里。环厦门湾岸线开发利用37.4公里，占规划的60.5%；环东山湾岸线开发利用9.2公里，占规划的20.8%），全港已建成生产性码头泊位184个（其中厦门辖区113个、漳州辖区71个），万吨级以上泊位79个（其中厦门辖区55个、漳州辖区24个），深水航道160公里，具备接待全球最大型集装箱船、最大邮轮、30万吨级超大型油轮的港口条件。集装箱、石油、煤炭等专用码头一应俱全，可满足临港及后方产业发展的需要。

## （二）集装箱干线港地位持续提升

截至2022年底，厦门港集装箱班轮航线达173条（其中外贸航线133条），通达55个国家和地区的149个港口。2022年完成集装箱吞吐量1243.5万TEU，同比增长3.2%，其中6月单月集装箱吞吐量首破110万TEU大关。

## （三）港航发展活力不断增强

全球前20名航运公司均在厦门设立分支机构。水运周转量从1458.9亿吨公里（2016年）提高到2908.3亿吨公里（2022年），年均增长12.2%；船舶运力从219.6万载重吨（2016年）提高到445.0万载重吨（2022年），年均增长12.5%。

## （四）对外开放水平稳步提升

2022年"丝路海运"联盟成员达300家，创新推出"丝路海运"电商快线。"一带一路"航线新增14条，总数达到86条，途经24个沿线国家和

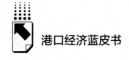

地区的 55 个港口；RCEP 航线新增 9 条，总数达到 96 条，覆盖 11 个成员国的 58 个港口。

### （五）服务两岸融合发展的能力明显增强

对台货运快速发展，厦门港成为大陆从台湾进口水果、酒类的最大口岸。建成五通客运码头三期工程，满足 350 万人次/年的客流需求。2019 年，厦金客运航线年运送旅客量达 182.3 万人次，占全国两岸往来总人次的 20%，约占全省的 90%。

### （六）邮轮产业加速发展

邮轮母港具备靠泊全球最大豪华邮轮的能力，邮轮中心码头新航站楼竣工，邮轮自用危险化学品常态化供应模式通过专家评审验收。中国第一艘自主运营豪华邮轮"鼓浪屿"号以厦门为母港。全国率先落地邮轮"进口直供""保税供船"监管模式。2019 年邮轮运输达 136 艘次，跻身全国第 2 位；邮轮旅客运输量达 41.37 万人次，居全国第 4 位。2022 年 7 月，国内首艘悬挂五星红旗的豪华游轮"招商伊敦"号以厦门为母港开辟国内沿海游轮航线，累计开航 18 航次，进出港旅客达 5656 人次。

### （七）智慧港口建设不断推进

建成全国首个 5G 全场景应用智慧港口，完成全国首个传统码头全流程智能化改造；全国首创港口收费无纸化结算平台、引航船舶信息可视化平台，港口作业单证进入无纸化时代。厦门港集装箱智慧物流平台被交通运输部、国家发改委评为国家智慧港口示范工程。

### （八）绿色减碳纵深推进

积极推进邮轮母港 1#~2#泊位、招银港区 7#泊位等岸电设施建设，"鼓浪屿"号邮轮实现国内首次沿海港口与国际邮轮连续 60 小时连船供电。全年岸电供电量为 336 万度，降碳约 2400 吨。船舶水污染物接收电子联单系统全面建成。

### （九）营商服务环境全面优化

连续 4 年获"中国十大海运集装箱口岸营商环境测评"最佳成绩。集装箱进出口合规成本保持全国沿海主要口岸最低水平。上海航运交易所发布的 2021 年全球主要港口远洋干线国际集装箱船舶平均在港、在泊时间报告显示，厦门港综合效率、平均在泊时间分列全球主要港口第三、第四。

## 二 面临的主要问题和挑战

### （一）设施能力支撑不足

目前，厦门港集装箱年通过能力仅 1115 万 TEU，2022 年实际已完成 1243 万 TEU，主要集装箱泊位均达到设计产能。对照《厦门港总体规划（2035 年）》和预定目标任务，资源层面存在缺口。随着生产发展、周边竞争、建设滞后及东渡、招银港区功能弱化，厦门港集装箱泊位能力不足的问题日益凸显。

### （二）功能布局亟待优化

随着城市和产业的发展，港区原布局存在一定的不合理之处，岸线总体利用率偏低，表现在以下几个方面。

一是海沧港区散货作业区位于集装箱主体泊位之间，集装箱作业区不够集中且总体能力不足，不利于港区集装箱运输业务规模化、专业化和可持续发展。

二是随着港区后方化工产业布局的调整，海沧液体化工码头的岸线利用率不足、产能过剩，岸线资源浪费。

三是东渡港区散杂货运输影响城市空气质量，石材等大件货物在市区穿梭构成安全隐患。

四是港区集疏运通道建设滞后，物流用地配套不足，港口能力提升遭遇"瓶颈"。

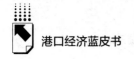

### （三）港口运营存在短板

一是国际中转比例不高。国际中转是衡量港口国际化水平的重要标志，如新加坡、香港、高雄等国际大港，国际中转占比均超过40%，2022年厦门港国际中转占比不到10%，相比其他国际大港还有差距，亟须加快推动国际中转业务发展。二是海铁联运发展势头不足。2022年海铁联运量占比不到0.6%（青岛、天津占比均超过5%），基础设施还存在结构性不足，各种运输方式衔接不畅、成本过高，需尽快打通"最后一公里"。三是协同发展存在制约。厦门港经济腹地主要集中在福建、江西、湖南及粤东地区，85%的外贸重箱由福建产生，与环渤海湾、长三角、珠三角地区相比，港口腹地范围先天不足。省内各港口集装箱干线业务同质化竞争日益加剧。

## 三　下一步发展思路

### （一）明确发展定位，强化"目标"导向

进一步巩固提升国际集装箱干线枢纽港地位，做大做强厦门东南国际航运中心，建成世界一流港口，计划分两步实施。

第一步，到2025年，集装箱吞吐量超1400万TEU，全球港口排名位次有较大幅度提升。在现有营运船舶运力（445万载重吨）的基础上，实现营运船舶运力翻番。集装箱码头资源整合效果显现，泊位利用率显著提升，集疏运体系畅通，港口智能化、信息化水平进一步提升，基本建成世界一流港口，港口治理体系和治理能力现代化水平显著提升。

第二步，到2035年，集装箱吞吐量达2000万TEU，全球港口排名前10位。对外海向航线覆盖全球主要港口，集装箱班轮航线总数超200条，其中外贸班轮航线数达150条。国际中转比例达到18%以上，通关效率国际领先，港产城深度融合发展。厦门港成为以国际中转为特色的港口，在国际集装箱干线枢纽港中具有较强的国际影响力和竞争力，实现治理体系和治理能力现代化。

### （二）加强要素保障，补齐"能力"短板

#### 1.优化港口功能布局，提升集装箱泊位通过能力

围绕厦门港的发展定位，统筹厦门港"两湾九区"空间布局、功能布局和产业布局，加强港口与国土空间、产业规划的有效衔接，进一步优化港口功能，引导厦门港集装箱泊位集中布置、连片开发，提高岸线资源的节约集约利用效率，促进港产城互动融合。立足2035年实现2000万TEU的发展目标，厦门港初步明确了"一主二辅"的集装箱运输格局："一主"即强化海沧集装箱核心港区功能定位，经过整合优化，形成嵩屿1#~6#泊位（东片）、海沧1#~9#泊位（中片）及14#~19#泊位（西片）3个连片发展的集装箱作业核心区；"二辅"即优化东渡港区码头功能，形成东渡5#~19#泊位连片发展的集装箱作业区，同时加快推动翔安港区1#~5#集装箱泊位建设，使翔安港区成为厦门港集装箱吞吐量新的增长极。

#### 2.畅通集疏运通道，大力发展多式联运，强化港口集散能力

继续建设海沧港区"两横三纵"公路集疏运通道，实现通道直达码头作业区，构建快进快出、客货分离的公路集疏运系统。推动翔安港区集疏运通道与大型集装箱泊位同步规划建设，以满足集装箱码头投产后的集疏运需求。加快多式联运发展，进一步打通与中西部腹地的物流通道，推进海沧、东渡、后石等重点港区铁路基础设施建设，加紧建设前场多式联运监管中心，推动前场国际物流园区股权整合及各铁路货运场站、多式联运港站改扩建。作为大型国际物流场站，前场物流园未来可作为厦门港与中西部城市建立物流陆海通道的重要节点，通过铁路向内连通湖北、重庆、四川、陕西、河南、新疆等中西部腹地。

#### 3.推动村庄征收，保障港区后方配套建设及物流用地需求

一是完成海沧区后井村整村征收工作，确保港区后方集疏运建设项目顺利推进，为港区储备物流仓储用地40多万平方米。完成东渡港区同益码头用地收回和海达码头土地收储，建设邮轮母港水上集散中心。二是启动海沧贞庵村拆迁前期工作，进一步拓展港口发展空间。三是完善港区配套物流设

施，启动海沧后井村地块中外运等物流项目、前场铁路大型货场建设项目、东渡港区堆场整合、厦门国际石材交易中心项目的前期工作。

——整合集装箱码头股权资源，增强港口发展动能。按照"以我为主，先易后难"的原则，持续推进港区集装箱码头股权整合工作，积极促成龙头骨干航运企业深度参与集装箱码头股权合作，加快形成"股权多样化、运营一体化"的平台模式，优化集装箱航线布局，提升厦门港集装箱中转量能。

——建设智能智慧化港区，提高港口作业效率。进一步推进人工智能、5G、云计算、北斗定位、物联网等新技术与港航产业深度融合，提高码头智能化水平。持续优化提升港口智慧物流平台功能和覆盖率，借助区块链等技术手段整合港口物流数据，统筹港区生产资源要素共享，实现港口整体生产和管理全链条智慧化。编制《厦门港智慧港口高质量发展规划方案》，推动智慧港口体系化、规模化建设和改造，扩大传统码头智能化改造覆盖面。

### （三）围绕发展目标，拓展"货源"渠道

——推进水水中转业务发展。一是协调推动厦门港务集团开通省内"海上巴士"，整合福厦支线并建设福厦支线平台。秉持"应运尽运"的原则，根据市场需求配备足够的运力，加大航班密度，接运省内其他港口到厦门中转的货物。二是推动福、厦两地海关优化福厦支线通关监管模式，采用"离港确认"的操作模式。

——延伸厦门港货源腹地。一是发挥新一轮出台的厦门港集装箱海铁联运发展扶持政策效应，大力发展厦门港海铁联运，深入腹地开展海铁联运通道推介，吸引更多货源经厦门港中转。二是继续扶持晋江、三明、龙岩、吉安等陆地港的建设运营，强化陆地港平台货源集聚作用。三是重点拓展湖北武汉货源腹地，推动潮汕、钦州港、海南岛等开通到厦门的支线，不断完善厦门港揽货体系。四是发挥厦门建发、国贸、象屿三大国企世界 500 强优势，推动其积极参与厦门港建设，争取在厦门设立各类期货商品交割仓，建立物流分拨中心，通过多式联运将货物转运至厦门港出口，实现厦门港集装箱增量。

# 权威报告·连续出版·独家资源

# 皮书数据库
## ANNUAL REPORT(YEARBOOK)
## DATABASE

## 分析解读当下中国发展变迁的高端智库平台

### 所获荣誉

- 2020年，入选全国新闻出版深度融合发展创新案例
- 2019年，入选国家新闻出版署数字出版精品遴选推荐计划
- 2016年，入选"十三五"国家重点电子出版物出版规划骨干工程
- 2013年，荣获"中国出版政府奖·网络出版物奖"提名奖
- 连续多年荣获中国数字出版博览会"数字出版·优秀品牌"奖

皮书数据库

"社科数托邦"
微信公众号

### 成为用户

　　登录网址www.pishu.com.cn访问皮书数据库网站或下载皮书数据库APP，通过手机号码验证或邮箱验证即可成为皮书数据库用户。

### 用户福利

- 已注册用户购书后可免费获赠100元皮书数据库充值卡。刮开充值卡涂层获取充值密码，登录并进入"会员中心"—"在线充值"—"充值卡充值"，充值成功即可购买和查看数据库内容。
- 用户福利最终解释权归社会科学文献出版社所有。

数据库服务热线：400-008-6695
数据库服务QQ：2475522410
数据库服务邮箱：database@ssap.cn
图书销售热线：010-59367070/7028
图书服务QQ：1265056568
图书服务邮箱：duzhe@ssap.cn

社会科学文献出版社 皮书系列
SOCIAL SCIENCES ACADEMIC PRESS (CHINA)

卡号：563217585991
密码：

# S 基本子库
## SUB DATABASE

### 中国社会发展数据库（下设 12 个专题子库）

紧扣人口、政治、外交、法律、教育、医疗卫生、资源环境等 12 个社会发展领域的前沿和热点，全面整合专业著作、智库报告、学术资讯、调研数据等类型资源，帮助用户追踪中国社会发展动态、研究社会发展战略与政策、了解社会热点问题、分析社会发展趋势。

### 中国经济发展数据库（下设 12 专题子库）

内容涵盖宏观经济、产业经济、工业经济、农业经济、财政金融、房地产经济、城市经济、商业贸易等 12 个重点经济领域，为把握经济运行态势、洞察经济发展规律、研判经济发展趋势、进行经济调控决策提供参考和依据。

### 中国行业发展数据库（下设 17 个专题子库）

以中国国民经济行业分类为依据，覆盖金融业、旅游业、交通运输业、能源矿产业、制造业等 100 多个行业，跟踪分析国民经济相关行业市场运行状况和政策导向，汇集行业发展前沿资讯，为投资、从业及各种经济决策提供理论支撑和实践指导。

### 中国区域发展数据库（下设 4 个专题子库）

对中国特定区域内的经济、社会、文化等领域现状与发展情况进行深度分析和预测，涉及省级行政区、城市群、城市、农村等不同维度，研究层级至县及县以下行政区，为学者研究地方经济社会宏观态势、经验模式、发展案例提供支撑，为地方政府决策提供参考。

### 中国文化传媒数据库（下设 18 个专题子库）

内容覆盖文化产业、新闻传播、电影娱乐、文学艺术、群众文化、图书情报等 18 个重点研究领域，聚焦文化传媒领域发展前沿、热点话题、行业实践，服务用户的教学科研、文化投资、企业规划等需要。

### 世界经济与国际关系数据库（下设 6 个专题子库）

整合世界经济、国际政治、世界文化与科技、全球性问题、国际组织与国际法、区域研究 6 大领域研究成果，对世界经济形势、国际形势进行连续性深度分析，对年度热点问题进行专题解读，为研判全球发展趋势提供事实和数据支持。

# 法律声明

"皮书系列"（含蓝皮书、绿皮书、黄皮书）之品牌由社会科学文献出版社最早使用并持续至今，现已被中国图书行业所熟知。"皮书系列"的相关商标已在国家商标管理部门商标局注册，包括但不限于 LOGO（▒）、皮书、Pishu、经济蓝皮书、社会蓝皮书等。"皮书系列"图书的注册商标专用权及封面设计、版式设计的著作权均为社会科学文献出版社所有。未经社会科学文献出版社书面授权许可，任何使用与"皮书系列"图书注册商标、封面设计、版式设计相同或者近似的文字、图形或其组合的行为均系侵权行为。

经作者授权，本书的专有出版权及信息网络传播权等为社会科学文献出版社享有。未经社会科学文献出版社书面授权许可，任何就本书内容的复制、发行或以数字形式进行网络传播的行为均系侵权行为。

社会科学文献出版社将通过法律途径追究上述侵权行为的法律责任，维护自身合法权益。

欢迎社会各界人士对侵犯社会科学文献出版社上述权利的侵权行为进行举报。电话：010-59367121，电子邮箱：fawubu@ssap.cn。

社会科学文献出版社